内蒙古财经大学经济发展研究院资助

内蒙古财经大学学术文库 第一辑

内蒙古自治区城镇化质量评价

Evaluation on Urbanization Quality of Inner Mongolia

李 琪/著

经济管理出版社
ECONOMY & MANAGEMENT PUBLISHING HOUSE

图书在版编目（CIP）数据

内蒙古自治区城镇化质量评价/李琪著．—北京：经济管理出版社，2015.12
ISBN 978-7-5096-4195-8

Ⅰ.①内…　Ⅱ.①李…　Ⅲ.①城市化—研究—内蒙古　Ⅳ.①F299.226

中国版本图书馆 CIP 数据核字（2015）第 311563 号

组稿编辑：王光艳
责任编辑：杨雅琳
责任印制：黄章平
责任校对：赵天宇

出版发行：经济管理出版社
（北京市海淀区北蜂窝 8 号中雅大厦 A 座 11 层　100038）
网　　址：www.E-mp.com.cn
电　　话：（010）51915602
印　　刷：北京玺诚印务有限公司
经　　销：新华书店
开　　本：720mm×1000mm/16
印　　张：9.75
字　　数：122 千字
版　　次：2018 年 12 月第 1 版　2018 年 12 月第 1 次印刷
书　　号：ISBN 978-7-5096-4195-8
定　　价：58.00 元

前　言

西部大开发以来内蒙古自治区城镇化进程非常迅速，但与此同时，和全国其他省份一样城镇化质量问题也渐渐凸显出来——如生态的破坏、环境的污染、城市交通的拥堵、温室效应的产生和城中村问题的出现，迫使人们不得不思考城镇化的实质何在，以及提高城镇化质量的路径选择问题。基于此，本书尝试构建一个系统的理论分析框架，对城镇化质量进行清晰界定与准确度量，在此基础上对内蒙古自治区的城镇化质量和分区域的城镇化质量问题进行理论阐释与实证分析。

从世界主要国家城镇化的历史进程可以看出，分工是聚集经济的根源，聚集经济是城镇化进程的基本动力，这是自发演进的过程。但城镇化的根本目的在于为“人”服务，为了让所有人都能共享现代文明，让居民在城镇化进程中收入不断提高，消费商品的种类和数量不断增加，与此同时，包括住房价格、通勤成本等在内的生活成本相对降低，也是为了居民生活质量的提高，这一过程需要政府的理性构建。基于此，我们认为城镇化质量即生活质量，这就是城镇化质量的内涵，具体范围包括生活水平、宜居程度、发展潜力和城乡一体化。

在清晰界定城镇化质量内涵的基础上构建了由 47 个基础指标构成的测度城镇化质量的指数，并采用多层次、多目标模糊优选综合评价法确定各指标的权重。对内蒙古自治区 2000 ~2015 年城镇化质量总体水平进行测度，结果表明，近年来内蒙古自治区城镇化质量获得了一定程度的提高，尤其生活环境得到较大改善，但城镇化质量的提高速度较为缓慢，公共服务的供给远不能满足广大居民的需求，并且在居民收入提高的同时，生活成本也随之上涨。继而对西部各省（市、自治区）城镇化质量进行了评价及对比，内蒙古自治区处于西部的前列。然后对 2000 ~2015 年内蒙古自治区 9 个地级市城镇化质量进行评价，结果表明，各市城镇化质量指数均在上升，但是上升幅度和速度不一样，中部城市上升最快，增加幅度也最大，东部和西部城市城镇化质量低于中部城市，而且差距大于西部各省份城之间的差距。无论对哪个层次分析都可以发现一个共同问题，收入和消费水平有了提高，生活环境得到改善，基础设施供给较之前更为充足，但医疗卫生条件没有明显改变，教育和科技投入一直不足。

因此，在中国经济进入转型阶段的大背景下，内蒙古自治区也要加快调整自身发展方式，在城镇化数量不断扩张的同时，还需要继续保持经济持续稳定增长，继续增加公共服务供给尤其是教育、科技和医疗的供给，以满足居民需求、降低生活成本，提高居民收入水平，丰富居民消费商品的种类、增加居民消费商品的数量，并保持人与自然的和谐发展，由此来实现城镇化数量与质量的统一，最终实现城镇化的终极目标——无论居民身在何处都能共享现代文明。

目　录

第❶章
导　论

1.1　研究背景与研究意义

1.1.1　研究背景

城镇化是一个全球性的社会现象，是经济发展进程中必然面临的重大问题之一。20 世纪是城镇化进程迅速推进的世纪，21 世纪是人类城镇化进程的一个全新时代。随着全球经济的飞速发展，世界人口城镇化水平迅速提高，大多数世界人口将生活在城市里。1949 年中国城镇化率为 10.6%，近七十年来城镇化进程经历了低速、波动、停滞到稳定、快速发展的过程，2016 年底城镇化水平达到 57.4%。根据美国城市地理学家 R. 诺瑟姆 1975 年提出的城镇化过程曲线以及中国城镇化的实际进程推测，中国已进入城镇化快速推进时期。但在快速城镇化进程中，出现了一些问题：一是农民利益问题，一方面农民利益在城镇化进程中没有得到根本保障，另一方面基本公共服务和社会保障没有普遍地、均等地惠及城乡人口。二是城市人口生活质量有待提高，主要表现在以下几个方面：居住条件有待改善；出行不便，交通严重拥堵已不是大城市的标志，如今已蔓延至中等城市；社会服务设施建设难以满足需求；生态环境恶化，如近年出现在全国大范围的雾霾；基础设施有待改进，如城市屡屡被淹等和居民生活息息相关的方方面面。这些现象使人们开始思考城镇化的目的究竟是什么？

党的十八大报告中将“城镇化质量明显提高”作为全面建成小康社会的发展目标，并且提出促进“四化”同步发展，这是基于我国高城镇化率背后潜在的质量问题提出的。党的十九大报告中提出“坚持在发展中保障和改善民生……必须多谋民生之利、多解民生之忧，在发展中补齐民生短板、促进社会公平正义，在幼有所育、学有所教、劳有所得、病有所医、老有所养、住有所居、弱有所扶上不断取得新进展”，还提出“坚持人与自然和谐共生……坚持节约资源和保护环境的基本国策，像对待生命一样对待生态环境，统筹山水林田湖草系统治理，实行最严格的生态环境保护制度，形成绿色发展方式和生活方式，坚定走生产发展、生活富裕、生态良好的文明发展道路，建设美丽中国，为人民创造良好生产生活环境，为全球生态安全做贡献。”

和全国态势一样，内蒙古自治区城镇化也或多或少地存在上述问题。而且内蒙古自治区是地处北疆的少数民族地区，其城镇化是在民族宗教多样性、经济发展滞后性、资源型产业集聚性、生态环境脆弱性和民族认同差异性等特殊因素的影响下不断推进的。如何提升内蒙古自治区城镇化质量，使城镇化水平与质量协调发展，是未来内蒙古自治区新型城镇化发展的关键所在。

1.1.2 研究意义

对城镇化质量问题进行研究不仅具有重要的理论意义，而且也具有显著的实践意义。

城镇化既是一种经济现象，同时也是一种复杂的社会现象，影响城镇化发展的因素错综复杂。我国当前所经历的城镇化过程与发达国家所经历的相比，时间和空间都发生了根本性的变化。一方面，时代条件不同了。我们正处在全球化时代，城镇化不会在封闭的国内运行，同时新的技术、产业部门深刻影响经济发展，从而在城镇化的过程中发挥作用。比如，西方的发展过程，经历了先污染后治理的过程，消耗大量资源，这种模式在当今的中国是被约束的。另一方面，城镇化是在中国这样一个特殊的地域环境中发生的。中国的文化、历史、经济基础、特殊的制度、区域格局等都会深刻影响城镇化的过程，简单套用西方国家的城镇化理论肯定是行不通的，更何况，西方国家在城镇化过程中还出现了各种各样的问题。内蒙古自治区是地处边疆的西部地区，城镇化进程更有其自身特点。

从理论发展的角度来讲，研究城镇化质量是对城镇化理论的发展和完善。一个完整的城镇化定义应该外在表现为数量的扩张，而内在表现为质量的提高。对于城镇化问题不仅需要从城镇化数量的变动上进行研究，还需要从城镇化内在的过程和结果上进行考察。这也正是当前很多学者正在积极探索的一个难题。

本书试图在众多学者研究的基础上构建城镇化质量的理论框架。从城镇化的进程入手，清楚界定城镇化内涵后，较准确地界定城镇化质量的概念及包含的内容，对于进一步认识城镇化质量及其规律，具有一定参考价值。同时建立合理规范的城镇化质量评价指标体系。针对城镇化质量进程的特点，在充分理解城镇化质量内涵的基础上，通过设置评价体系，利用科学的评价方法从多角度对内蒙古自治区城镇化质量进行较为完备的评价。

从现实的角度来讲，研究城镇化质量对社会发展具有应用性。在我国城镇化的进程中出现了各种各样的问题，对我国城镇化的健康发展构成了影响，甚至威胁到社会的稳定。这些问题的解决需要认真反思我们的城镇化过程，而这种反思应该是更多地基于城镇化质量的视角来展开。本书设计内蒙古自治区城镇化质量评价指标体系，充分考虑内蒙古自治区特殊的地理环境、地广人稀的居住现状及生态环境脆弱等特点，选择衡量居民“衣食住行，生老病养”“免于贫困、饥饿与疾病”“体面与尊严的生活”“社会安全感”“发展”“进步”“普遍教育”“卫生”“自由”“平等”“科学”等观念及舒适的生活，突出“生态环境”、民族自尊为主的指标，构建符合内蒙古自治区的城镇化质量评价指标体系。对内蒙古自治区城镇化质量进行评价，为有关部门制定和实施城市发展战略，避免只讲经济效益、不注重内涵发展等问题，提供客观依据，使内蒙古自治区的城镇化向健康、有序的方向发展。

在内蒙古自治区城镇化快速推进的过程中，积累了一些问题与矛盾，当前城镇化质量已经成为城镇化的关键内容，而现有研究成果又较少对这一问题进行系统的讨论。综上所述，无论是从发展城镇化理论的角度讲，还是从解决城镇化中存在问题的角度讲，系统地探讨城镇化质量问题都具有重要意义，对城镇化质量进行研究不仅是理论发展的需要，同样也是实践推进的需要。

1.2 研究思路与研究内容

1.2.1 研究思路

本书在梳理前人关于城镇化研究成果的基础上，对城镇化质量的内涵进行界定、构建了城镇化质量的分析框架，在此基础上，构建科学合理的城镇化质量评价体系。首先分析了内蒙古城镇化质量的发展现状及存在问题，其次对不同城市城镇化质量进行评价，由此得出提升内蒙古自治区城镇化质量的路径选择。

1.2.2 研究内容

本书试图在继承和发展前人研究成果的基础上，从理论研究和实证分析两个方面来探讨城镇化质量问题。主要内容包括：

关于城镇化质量的研究，目前主要是对其意义的探讨以及定量的描述；城镇化质量是什么，是当前城镇化研究中较少涉及的领域，对该问题的研究也尚属一个前沿课题。本书试图在已有研究的基础上，构建城镇化质量的分析框架，界定城镇化质量的定义，立足于科学发展观，尝试构建一套较为科学的城镇化质量评价指标体系。

本书分8章进行讨论，具体内容如下：

第1章为导论，主要分析本书的研究目的与意义，同时还对本书的研究方法和对象进行界定，以便于论文的展开。

第2章为城镇化质量研究的文献综述，从国内外城镇化质量的内涵和评价指标体系两方面展开。

第3章、第4章构建了城镇化质量的分析框架，构建了城镇化质量评价指标体系，这是本研究的核心章节。

第5章、第6章，城镇化质量的状态评价。在城镇化质量内涵基础上构建测度城镇化质量的指数，首先采用多目标、多层次模糊优选综合评价法对内蒙古自治区2000~2015年城市整体的城镇化质量水平进行测度，考察内蒙古自治区城镇化质量的变动状态，然后运用同样的方法对内蒙古自治区地级及以上城市的城镇化质量进行度量并对内蒙古自治区城市城镇化质量的区域差异进行研究。

第7章，介绍了提高城镇化质量的路径选择。

第8章，是本书的结论和简要的展望。

1.3 研究方法

本书以城镇化理论和科学发展观为指导，对内蒙古自治区城镇化质量问题进行深入研究，重点采用以下方法：

第一，定量研究。①拟通过征求专家意见、主成分分析、建立Bravais－Pearson相似系数矩阵等技术手段进行探索性因子分析，对备选指标进行筛选，最终构建城镇化质量评价指标体系；采用多层次、多目标模糊优选综合评价法确定评价指标体系的权重；②将可能影响城镇化质量的因素，构建多元回归模型，采用逐步回归法消除解释变量的多重贡献性，最终确定影响不同阶段城镇化质量的因素。

第二，比较分析的方法。比较分析是经济学常用的一种研究方法，它又具体分为纵向比较分析和横向比较分析。纵向比较分析是以时间为参照，比较某一对象或某一具体问题在不同时间所表现出的不同性质和特点。横向比较分析以空间或区域为参照系，比较某一对象或某一问题在不同国家或地区所表现出的相同性质和特点或不同性质和特点。本书在对内蒙古自治区2000~2015年城镇化质量水平进行测度的基础上运用纵向比较分析的方法对内蒙古自治区城镇化质量的变动状态以及趋势特征进行考察，并在对内蒙古自治区及各地级及以上城市城镇化质量水平进行测度的基础上运用横向比较分析的方法对西部各省份及内蒙古自治区各地级市城镇化质量的区域差异进行研究。

需要强调的一点是以上分析方法在具体研究中会有不同体现，本书只是借鉴这些方法的思路，并没有详尽涵盖它们的每一个步骤和各个具体方面。

1.4 创新之处

与现有城镇化质量研究的相关文献相比，本书的研究将主要有以下创新之处：

第一，在前人研究的基础上，以现有城镇化相关理论为依据，对城镇化质量的外延与内涵进行明确的界定。城镇化质量属于一种规范性的价值判断，而且由于人类社会一直处于不断的变化发展之中使这一范畴成为一个动态概念。因此，对于城镇化质量的内涵非常难以准确界定，现有文献对它的定义比较模糊，而且往往具有很大的随意性，仅仅把城镇化质量看作是相对于城镇化数量而言的一个概念，但事实上并不是数量之外的所有因素都属于城镇化质量的内容。由于城镇化质量的外延没有得到清晰的界定，导致城镇化质量的内涵无法进行准确的定义。本书从城镇化与城镇化发展的区别与联系入手，首先明确了城镇化质量的外延，其次在此基础上对城镇化质量的内涵进行清晰界定。

第二，构造一个完整的城镇化质量指数来测度内蒙古自治区城镇化质量。城镇化质量好坏的判断标准建立在对城镇化质量外延与内涵进行准确界定的基础上，由于现有文献并没有对城镇化质量进行明确界定，造成在此基础上构建的评价指标体系往往不够全面和客观。本书在清晰界定城镇化质量外延与内涵的基础上构建测度城镇化质量的指数，对内蒙古自治区城镇化质量的状态进行考察。

1.5 框架结构

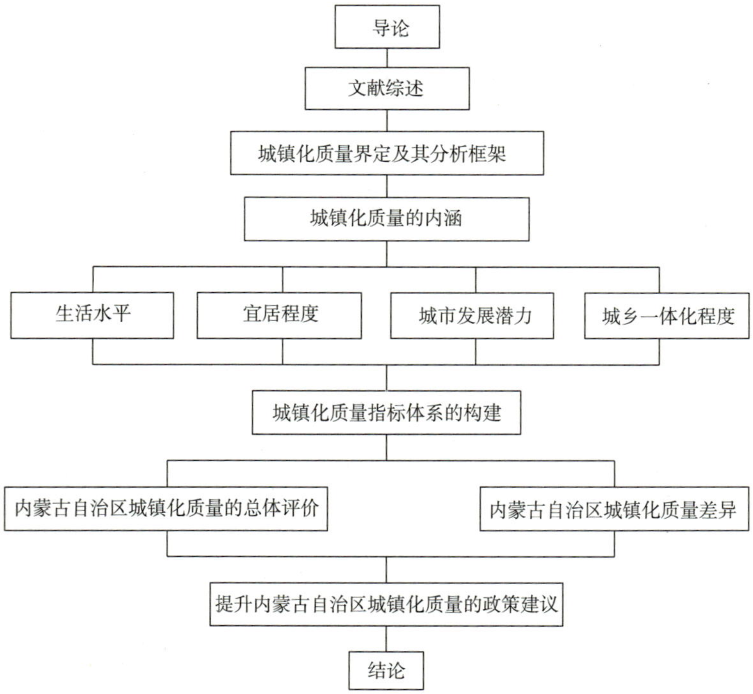

第❷章

文献述评

城镇化既有量的要求，又有质的规定性，是数量和质量的统一。在城镇化理论发展的200多年历史里，一直把城镇化的数量问题当作城镇化的全部内容，所有理论探讨的中心问题都是如何实现城镇化数量上的扩张，但是却很少讨论城镇化质量的提高。实践中出现的一系列问题，如城市病、失地农民权益没有得到保障、资源短缺以及环境污染等，使一些研究者开始反思，把出现的种种问题也纳入城镇化的分析，不再单纯以城镇化率提高作为研究对象，此时也就意味着对城镇化质量问题的研究正在展开。目前对于城镇化质量问题的研究主要集中于对城镇化质量内涵的界定和城镇化质量的测度等这些基础性问题的讨论上，归纳起来主要有以下内容。

2.1 国内外研究综述

对城镇化质量问题的研究建立在对其内涵的不同理解基础之上，如何对城镇化质量内涵进行界定直接决定了这一问题的研究视角、研究范围以及研究内容。从现有文献来看对于城镇化质量的界定主要存在两种观点：一种观点从生态城市、城市可持续发展、城市居民生活质量、人口城镇化质量等方面来体现城镇化质量的内涵，我们称为狭义的城镇化质量（如霍华德，1898；理查德·雷吉斯特，1984；加尔布雷思，1958；Laura A. Blanciforti，1996；Luis Delfim Santos and Isabel Martins，2006；Giulietta Fadda and Paola Jiron，1999；西奥多·舒尔曼，1994）；另一种观点从更广义的视角来对城镇化质量进行界定（如叶裕民，2001；刘素冬，2006；余晖，2010；李明秋、郎学彬，2010；等）。

从狭义的城镇化质量来看，它是从城镇化的某个角度来反映城镇化质量。如霍华德（1898）的“田园城市”的理念。理查德·雷吉斯特（1984）提出了以相对较小的城市规模建立高质量城市、就近出行、小规模地集中化和物种多样性有益于健康的四项建设生态城市的原则。雅尼科斯特（1987）认为生态城市是“按生态学原理建立起来的一种社会、经济、自然协调发展，物质、能量、信息高效利用，生态良性循环的人类聚居地，即高效、和谐的人类栖境”，这是首次提出的生态城市的完整概念。加尔布雷思（1958）最早提出了生活质量的概念，认为“生活质量是人们在生活舒适、便利程度以及精神上所得到的享受或乐趣”。罗斯托（1971）把经济发展划分为6个阶段：传统社会阶段、为起飞创造前提阶段、起飞阶段、成熟阶段、高额群众消费阶段以及追求生活质量阶段。认为“追求生活质量是人类社会发展的必然趋势”，“进入追求生活质量阶段之后，将会消除因经济增长带来的严重问题，平息社会内部的各种不满情绪，人们的生活丰富愉快，社会的发展稳定而和谐”，指出了经济增长与社会发展之间的正向关系。古雷特（1971）指出，从发展的角度来认识生活质量的改善，认为发展至少包括生存、自尊和自由三个方面。刘本杰（1976）从经济学角度，把生活质量观念综合到微观分析生产理论的一般框架之中。

坎贝尔（1976）强调从心理学角度，将生活质量定义为生活幸福的总体感觉，强调主观生活指标对于生活质量的解释。Laura A. Blanciforti（1996）从生活成本角度出发，对比分析了美国的佛罗里达州和明尼苏达州的城乡生活成本。Jane Todorovic and Steve Wellington（2000）用居民对生活城市的态度和愿望反映人们的生活质量。Vicente Royuela and Jordi Surinachd（2004）通过假设生活质量是生活成本和收益的函数，分析了生活质量和城市规模的关系。James D. Burnell and George Galster（1992）也认为优化城市规模有助于提高生活质量。Luis Delfim Santos and Isabel Martins（2006）认为高生活质量源于低生活成本，并设计了包含自然环境、生活环境、经济环境以及社会环境四方面因素的模型，对葡萄牙的波尔图进行了检验。Giulietta Fadda and Paola Jiron（1999）从社会性别的角度出发，对生活质量进行研究。认为男性和女性对资源的控制度不同，各自的需求也不同，并且健康、公平、环境等对男性和女性具有不同的影响，所以性别不同对生活质量的看法及感受是不同的。西奥多·舒尔曼（1994）侧重于人类发展投入方面对居民生活质量的影响，涉及经济、科技、教育、外交、安全、福利、卫生等领域（柴文佳、王立会，2009）。

现有从广义上来定义城镇化质量的研究的，叶裕民（2001）首先在这一方面做了开创性的研究。她认为，关于城镇化质量的研究可以从如下两方面进行：一是核心载体——城市的发展质量，即城市现代化问题；二是域面载体——区城的发展质量，即城乡一体化问题。如果说城市现代化是城镇化质量的核心内容，那么城乡一体化则是提高城镇化质量的终极目标。之后的研究可以说多数以此为依据结合实际进行了探讨性研究。靳刘蕊（2003）认为，城镇化质量的内涵可概括为四个基本含义：一是反映城镇化进程中“人”的生存和生活质量的现状，即以评价城镇化人口的衣食住行、安居乐业为目标；二是推进城镇化系统发展的“动力强度”，即经济发展水平质量；三是要体现城镇化发展的内在机理和结构、分工的“协调性”，即社会、经济、政治领域的协调发展；四是城镇化发展在不同阶段体现出的发展的“公平性”，即不能以牺牲农村为代价来加速城镇化进程。其基本特征体现在层与面两方面的内容：一方面表现为城镇化是农业人口向城市（镇）集中和聚集的过程，另一方面城镇化过程既是越来越多的农民从土地上解放出来的过程，同时也是广大农村居民物质生活和精神生活得到极大提高，逐步实现城乡协调发展，最终实现消除城乡差别和工农差别的过程。赵海燕等（2007）也持此观点。刘素冬（2006）认为，所谓城镇化质量，就是指在不牺牲城市资源的城镇化进程中城市实力逐渐增强、城市人民生活质量进一步提高、城市环境和城市基础设施进一步改善，最后形成城乡一体化的最终目标。具体含义包括：城镇化水平和城市水平同时提高；城市中的各个要素协调发展；城乡结合质量的提高。即在城市结构（产业、经济、社会、空间）、环境、市民生活质量等提高和优化的同时，带来农村经济的发展和农民生活质量的提高。杨新新（2011）也持此观点。余晖（2010）认为，所谓城镇化的“质”，指的是在城镇化进程中城镇化率和城市各个要素的协调发展问题。它所反映的是农村人口向城市人口、农村向城市转化的动态过程，其中也包括人们的城市思想、城市观念、城市意识和城市生活方式扩散的过程。其基本内涵可从三个角度来考量：一是经济发展质量。具体可从经济规模、经济活跃度、经济效率、产业结构水平等几个方面来评价。二是城市功能发展质量。城镇化进程中很重要的一点就是“人”的生存和生活质量，因此城镇化率必须与城市基础设施的承受能力相匹配。具体可从城市人口、城市规模、城市基础设施、服务发展水平等几个方面来评价。三是社会和谐发展质量。城镇化发展在任何阶段都应体现公平性，因此可从城市提供的公共福利、生活质量、生态环境、社会治安等公共服务数量或质量方面来评价。牛文元（2003）认为，城镇化质量表现在三个大的方面：其一是动力特征，也就是说它的发展度、竞争能力、创新能力以及它的可持续性。构成城镇化质量内涵的动力，也就是推动城镇化财富积累程度的动力。其二是城镇化的公平表征，就是城市发展的持续度，也就是说一个城市的共同富裕程度以及对于城乡差异的克服程度。其三是城镇化的协调度，也就是城市的文明程度、居民的生活质量、城市的生态环境以及对于理性需求的相对满足程度。王德利等（2010）持类似观点，认为城镇化发展质量的含义可以用以下三个维度来表达：一是城市基础实力，即城市经济、社会、环境等城市形态方面的发展度、竞争能力等；二是城镇化发展协调性，既包括体现城镇化发展的社会、经济、环境等领域内在机理和结构的“协调性”，也包括城镇化发展公平性，也就是城市发展域面载体的城乡一体化程度；三是城镇化可持续发展水平，也就是城镇化的可持续发展能力。同时笔者指出，人口城镇化水平与城镇化发展质量并没有必然联系，即人口城镇化水平并不能反映城镇化发展质量的真实水平；反过来，城镇化水平的提高也不意味着城镇化质量的相应提高。刘天宝（2010）也持此观点。李明秋、郎学彬（2010）认为，所谓城镇化质量，就是在城市投入要素（包括资本、劳动力、土地和能源）利用效率不断提高的前提下，城镇化水平稳步提高，城市环境和城市基础设施得到进一步的改善，城市人民生活质量不断提高，城市的综合实力和对外辐射能力及服务能力不断增强，最终实现城乡一体化的目标。具体含义包括：一是城市自身的发展质量；二是城镇化推进的效率；三是实现城乡一体化的程度。

对城镇化质量的科学评价建立在对城镇化质量内涵准确界定的基础上，因为现有研究从两个视角对城镇化质量的内涵进行界定，所以也有两种评价的思路与之对应：单一角度指标体系与综合评价指标体系。从狭义视角理解城镇化质量的学者多从单一角度来衡量城镇化质量的变化。城市人居生活质量的研究始于20世纪中叶美国居民生活质量的调查（陈强、鲍悦华，2006）。世界银行在《1989年世界发展报告》中指出，生活质量指标主要包括人均拥有医生数、平均每日摄取热量、通货膨胀率以及人均能源消费量四项。然而，经济合作与发展组织的指标体系则主要包括寿命、生活健康状况、教育设施的利用等15个领域共33个指标。埃德·迪安纳（1992）认为经济指标、社会指标以及主观指标均能反映社会生活质量，三种指标各有缺陷、相互补充。Broat（1994）从城镇化可持续发展角度指出，城市可持续发展指标设计应体现层次性、科学性、数字化的要求，用易测度的、便于分析比较和预测的指标，分层次、按顺序、客观地表述城市可持续发展的实际。Maclaren（1996）提出，对于城市可持续发展指标的设计应遵循综合性、前瞻性、分布性、广泛性的原则。其中综合性是指指标应综合反映经济、社会、资源、环境等要素的关联性；前瞻性即目标要指向未来的发展方向；分布性指考虑到人口、地理空间等分布特点；广泛性即评价过程应保证公平合理。美国得克萨斯A&M大学学者Shafer等（2000）则从生态视角出发，建立了社会人居生活质量的模型，城市被描述为由社会、经济、环境三个相互作用的子系统构成的集合体。其中，“宜居”被看作是社会子系统与环境子系统的交集，“环境可承载”被视为环境子系统与经济子系统的交集，“公平可得性”则被认为是经济子系统与社会子系统形成的交集，人居生活质量则被视为以上三者的交集（张贡生，2012）。Jane Todorovic and Steve Wellington（2000）通过测定人们的生活环境，主要包括空气质量、饮水质量、绿地面积、垃圾及噪声污染状况、交通废气、城市烟雾、公共交通、卫生设施、居住环境、教育经费、娱乐设施、邻里关系等方面考察居民的生活质量。国家发展计划委员会社会发展司（2001）认为，主要体现在六个方面：一是物质保障，这是提高人们生活质量的前提条件；二是教育，这是提高生活质量的重要手段；三是居住与生活条件，这是生活质量的重要体现。居住、交通、通信等的方便、丰富程度是生活质量的直观表现，也是好的生活质量必备的硬件设备；四是健康，这是生活质量的集中体现；五是社会保障，这是生活质量稳定提高的重要保证；六是环境，这是提高生活质量的空间物质载体和可持续发展的基础。环境包括自然环境和社会环境，是人类生存和发展的基本物质要素。2002 年，上海市城市社会经济调查队课题组构建包括收入、消费、教育、文娱休闲、健康、居住、生活设施、生态环境及社会保障九个方面的城市居民生活质量评价指标体系。后来，Mitchell 等（2003）从健康、物理环境、自然资源和服务、社会发展、自我发展与安全六个方面建立了城市人居生活质量指标评价体系。2005 年，北京国际城市发展研究院以“用生活质量给城市定位”为题对中国城市居民生活质量给予了专门考察。此项研究堪称首开国内网上调查的先例——这也是最能体现民意的一种较为有效的方式。周丽萍（2011）认为，生活满意度是对自己生活质量的主观体验。客观外部生活条件是构成个体生活质量的基本环境，但客观条件与主观感受之间的关系并不是一种简单的、线性的关系。人们对生活的评价除了受客观物质条件的制约外，还受个人物征、参照标准、文化环境等多种因素的影响。对同一个体处于不同的时间阶段，其需求会发生变化，对生活的评价也会随之变化；对于同一时点的不同个体，因需求千差万别而评估也大不相同。在此基础上，她建立了一个衡量人口城镇化质量的评价指标体系。基于城市人居生活质量或市民生活满意度方面的测度可能更加直观地反映了城镇化的质量，但却忽视了城镇化的基础即城市经济发展的状况。

如果从广义视角来理解城镇化质量，则相应对城镇化质量的测度是通过一个综合的评价指标体系来实现。联合国人居中心对城镇化质量的研究在国际上有一定的代表性，通过建立完整的指标体系来评价城市的发展状况，反映其中的问题。常见的评价体系包括城市发展指数（CDI）和城市指标准则（Urban Indicators Guidelines）。城市发展指数（the City Development Index）从基础设施（infrastructure）、废弃物处理（waste）、健康（health）、教育（education）、生产（product）5个方面11个指标来评价城市的发展状况。基础设施评价指标包括供水、排水、供电和电话4个指标；废弃物处理包括废水处理和固体废弃物处理2个指标；健康包括预期寿命和儿童死亡率2个指标；教育包括识字率和入学率2个指标；生产由城市产品1个指标来评价。并根据指标的作用提出了相应的计算方法。城市指标准则从居住（shelter）、社会发展和消除贫困（social development and eradication of poverty）、环境治理（environmental management）、经济发展（economic development）、管治（governance）5方面来评价人类居住，指标细化为3类42项内容（刘天宝，2010）。新西兰统计局（2007）对城镇化质量的研究有一定的代表性，指标体系包括人口、健康、知识和技能、安全、住房、自然环境、建筑环境、民主和政治权利、经济生活、经济发展以及社会活动11个方面的内容，每一方面都包含多个具体指标，既可以评价某方面的状况，又可以综合评价城镇化的质量。其中如知识和技能方面包括儿童早教、学生旷课率、16岁以下学生被开除比率、职业培训，等等；健康方面包括平均预期寿命、婴儿死亡率、传染病（肺结核等）、自杀死亡率、居民对生活的满意度、居民感到压力的比率、运动的频率、对闲暇时间的满意度，等等；安全方面包括环境的安全（人身安全、酒驾、超速等），儿童安全（儿童受虐待和无人照看的比率等）以及意外伤害等（14岁以上每十万人因故受伤住院比率、14岁以上每十万人意外死亡的比率等）。可以看出这一指标体系从居民出生到死亡、从生活到工作、从自然到社会等各方各面都设立了较为详细的指标，从多方面来评价城镇化的质量，对于城镇化质量的研究有很好的借鉴价值。但是，考虑到内蒙古自治区数据的可获性，发现这一指标体系并不是特别适合用来评价内蒙古自治区的城镇化状况，不过可以作为未来的研究方向。European Commission Directouate - General（2007）构建了由就业、住房、空气污染、公共交通、绿地和公园、安全感、对医疗的满意度、消费方式是否可持续等组成的指标体系，较全面、客观地评价了欧洲 75 个国家的生活质量。叶裕民（2001）最早做出了城镇化质量评价的探索，关于城市现代化的指标体系可划分为 3 大类 12 个指标。第一类为经济现代化水平指标。主要包括人均 GDP、第三产业就业比重、人均地方财政收入和居民年人均收入。第二类为基础设施现代化水平指标。包括人均铺装道路面积、万人拥有医生数、百人拥有电话机数（包括移动电话）和百人拥有公共图书馆藏书数。第三类为人的现代化水平指标。包括万人拥有在校大学生数、建成区绿化覆盖率、人均居住面积和每平方千米排放量。反映城乡一体化的指标体系应该包括城乡间经济社会联系的指标以及生产生活水平、生活方式城乡差异的指标，具体包括：第一产业与第二产业、第三产业平均利润（反映生产效率）；城乡之间的物质流和信息流状况（反映社会经济联系）；城乡居民收入差异（反映生活水平）；城乡居民恩格尔系数的差异（反映生活质量）。但由于受统计资料的限制，反映城乡生产效率差异及经济社会联系的指标无法获得，因而只能选择后两个指标来计算内蒙古自治区当前城乡一体化的水平。王忠诚（2008）、许宏和周应恒（2009）、刘春燕（2009）、李明秋和郎学彬（2010）等均持此看法，只是在设计评价指标体系时指标数量有所增加，并且评价各有侧重和不同。国家城调总队、福建省城调队课题组（2005）在考察城镇化质量时，基本上赞同叶裕民的“核心载体”和“区域载体”的划分方法，但在核心载体考核指标体系的建立上却有所创新，即建立了经济发展质量、生活质量、社会发展质量、基础设施质量、生态环境质量五个子系统，但缺少衡量城镇化推进效率方面的指标。孟雯（2008）、杨蓉（2009）、于涛等（2010）、侯萃萃（2010）在进行相关研究时也采用了这样的逻辑思想。袁晓玲（2008）、何文举（2009）等认为，对于城镇化质量主要应从物质文明的城镇化、精神文明的城镇化和生态文明的城镇化三个方面加以考量。其中物质文明包括人均 GDP、社会消费品零售总额等；精神文明包括科技支出占财政支出比重、电信业务收入、失业率等；生态文明包括人均绿地面积、生活垃圾清运量、环卫机械数等。这样的逻辑思想并没有错，问题在于，指标的设计不尽合理，如将“年末耕地面积”“粮食产量”列入“精神文明”准则层等，并且舍弃了城乡一体化方面的考察，实属不当。

2.2 现有研究的评价

通过对现有城镇化质量相关研究文献的梳理，我们发现可能是受所在学科背景的影响，也许是受研究目的局限，不同的学者对城镇化质量内涵与外延的理解均有所不同。目前对于这一问题的研究集中于一些基础性问题的讨论之上，且没有形成一个统一的分析框架。城镇化质量的定义是城镇化质量问题研究的起点，现有研究文献对于城镇化质量的界定主要存在两类观点：一类从某一方面体现了城镇化质量的内涵，如城市可持续发展、生态城市、城市居民生活质量等方面进行研究；另一类则是指事物的本质与特性。城镇化质量属于一种规范性的价值判断，仅从某一视角进行理解显然不够全面，因此对于城镇化质量的界定应当从更广义的视角来进行。现有从广义上来定义城镇化质量的研究的，国内学者叶裕民教授做了开创性的研究，认为城镇化质量的研究可以从两方面进行：一是城镇化核心载体——城市的发展质量，二是城镇化域面载体——区城的发展质量。之后的研究可以说多数以此为依据结合实际进行了探讨性研究。但总的来说，可能是受所在学科背景的影响，也许是受研究目的的局限，不同的学者对城镇化质量内涵与外延的理解均有所不同。城镇化质量的定义缺乏一个清晰而明确的外延，这会导致我们无法准确地判断什么属于城镇化质量的内容，而什么不属于。基于如上分析，我们可以得出对城镇化质量内涵与外延的界定将是城镇化质量问题研究中需要首先解决的问题。城镇化质量的测度是对城镇化质量问题由定性分析转向定量分析的关键，建立在对城镇化质量内涵与外延清晰界定的基础之上，由于现有研究对城镇化质量的外延没有准确界定，造成城镇化质量测度指标的选择具有很大的随意性，对同一研究对象城镇化质量水平的测度结果往往存在较大的偏差。现有度量城镇化质量水平的研究是在一个没有明确外延的城镇化质量定义基础上展开的，而且多以某一省份作为研究对象来进行城镇化质量水平的评价与判断，少有对全国城市城镇化质量状态的测度与差异的比较。由此我们可以发现，在对城镇化质量的外延与内涵清晰界定的基础上对内蒙古自治区以及各城市的城镇化质量水平进行准确测度是内蒙古自治区城镇化质量问题研究中迫切需要解决的关键问题之一。现有城镇化质量的相关研究文献有从城镇化质量的某一个单一视角出发来进行研究的，也有许多学者已经从经济发展、居民生活、资源环境代价和城乡统筹等各个方面展开了相应理论与实证的研究，但却并没有把这些问题纳入到一个统一的理论框架下进行分析，目前仍缺乏系统的城镇化质量理论分析框架。由于系统的理论框架没有构建出来，导致现在还没有对城镇化质量问题有真正意义上的实证分析，我国对这一问题的研究也仅限于对城镇化质量进行测度这样的统计意义上的评估。构建一个城镇化质量的理论分析框架并在此基础上展开相应的分析，这是城镇化质量研究中需要填补的空白。

由于学者们对城镇化质量内涵的理解不同，所以对于城镇化质量评价指标体系的构建也各有侧重。联合国的评价体系立足于城市来分析问题，意在通过一系列的指标，从不同的侧面来评价城市的发展情况，而且强调了指标体系的通用性。这种指标体系适用于大范围的城市发展的横向比较，容易从中发现问题。对于城镇化质量的研究有很好的借鉴价值。但是，由于内蒙古自治区城镇化过程的特殊性，这种指标体系并不是特别适合用来评价内蒙古自治区的城镇化状况。

国内对于指标体系的研究日趋完善。学者们均根据自己对城镇化质量内涵的理解构建指标体系，因为理解不同，所以指标体系也是各有侧重。有的偏重城市现代化的评价，但是忽略了经济的对外开放程度和科技发展对于城镇化的影响以及生态环境对于城市经济发展的制约作用；有的从“物质文明”“精神文明”和“生态文明”出发进行评价，这样的逻辑思想并没有错，问题在于，指标的设计不尽合理，如将“年末耕地面积”“粮食产量”列入“精神文明”准则层等，并且舍弃了城乡一体化方面的考察，实属不当；基于城市人居生活质量或市民生活满意度方面的测度可能更加直观地反映了城镇化的质量，但却忽视了城镇化的基础即城市经济发展的状况。

从现有研究来看，总的来说，国内学者关于城镇化的讨论相对较晚，但发展速度较快；研究内容从以城镇化速度为主，逐渐向城镇化质量转变；研究方法越来越多样化、科学化和精确化。

然而与多数研究热衷于构建城镇化质量指标体系、开展实证评价分析相比，关于城镇化质量理论、城镇化质量各影响要素的内在联系、城镇化质量的阶段性划分及特点方面的论述却显得单薄而稀少。城镇化是一个涵盖人口、经济、社会、文化、景观、环境等多方面的综合性转变过程，是人类社会从传统社会向现代文明社会的全面转型和变迁的系统工程。要保证这一系统工程平稳而健康地运行，需要系统内部各子系统的协同与高效配合。发达国家城镇化之所以能在世界处于领先地位，而众多发展中国家尤其是拉美国家城镇化却跌入“陷阱”，关键在于发达国家城镇化内部各要素的同步协调，以保证城镇化大系统的正常健康运行。我国城镇化与西方发达国家城镇化不同，我国当前加速城镇化与国际上的全球化同步，发展背景远比发达国家快速城镇化时期面临的问题要错综复杂得多，既要考虑国内城镇化的种种问题，快速工业化和高速经济增长、数以亿计的农村剩余劳动力所形成的乡城迁移流动对城镇化的驱动，同时还要应对发达国家城市经济转型和要素流动对世界经济格局和利益的重新调整，都将对城镇化内部各子系统的同步协调提出更为严峻的挑战和新的更高要求，而这又将深刻影响21世纪全人类的发展。然而西方发达资本主义条件下发展的城镇化理论以及发达国家的成功经验，并不完全适合中国的城镇化研究的现实，难以直接加以应用。况且有关城镇化质量研究在学术界尚属一个比较前沿的课题，尚需要对符合中国情况的城镇化质量理论进行积极的探索和创新。

因此，本书关于城镇化质量问题进行研究的努力方向如下：第一，以城镇化理论为依据，对城镇化质量的内涵与外延进行明确的界定。第二，构建一个系统的理论分析框架来研究城镇化质量问题。第三，在城镇化质量内涵清晰界定基础上构造一个完整的城镇化质量指数来测度内蒙古自治区和各城市的城镇化质量。第四，依据内蒙古自治区及各城市的相关数据对城镇化质量的各维度进行理论阐释与实证分析。

第❸章

城镇化质量界定及分析框架

对城镇化质量问题的研究建立在对其内涵的不同理解基础之上，如何对城镇化质量内涵进行界定直接决定了这一问题的研究视角、研究范围以及研究内容。而现有研究对城镇化质量的内涵却存在不同的看法，如果将城镇化数量之外的所有因素都定义为城镇化质量无疑是不恰当的，这样包含的内容就太过丰富了，而且相应的度量也就无法进一步展开。如何对城镇化质量进行度量的真正困难也就在于我们无法区分什么是城镇化质量的内容，而什么不是。此外，由于现有相关文献对城镇化质量问题的研究仍停留在基础性问题和单一视角的讨论之上，缺乏一个系统的理论分析框架，从而也为城镇化质量的清晰界定、准确度量及经验分析等带来困难。因此，本章在对城镇化质量的外延与内涵进行清晰界定的基础上，构建出城镇化质量分析的基本框架。

3.1 城镇化质量的界定

从一般意义上来看，质量有两层含义：一层含义是用来表示事物的优劣程度，而另一层含义则是指事物的本质与特性。国内大多数学者是从优劣程度上来理解城镇化质量的，并进一步将城镇化质量归纳为经济发展、社会进步、居民生活、可持续发展和城乡统筹等具体方面进行考察。而我们认为城镇化质量是相对于城镇化数量而言的，因此其内涵应该是从城镇化的性质角度入手，当然这一问题同时也会涉及对城镇化优劣、好坏的判断，城镇化数量是从整个城镇化“量”的变化上来描述城镇化，而城镇化质量则是从城镇化的内在性质上来反映城镇化。现有研究对城镇化实质的认识基本统一为“城镇化的实质在于变城乡对立为城乡融合，逐步缩小以致最后消灭城乡差别，并最终达到城乡一体化即城市和乡村协调发展的目标”（叶裕民，2001；赵煦，2008；靳刘蕊，2003；赵海燕，2007；李明秋、郎学彬，2010）。本书对城镇化的实质也持上述观点，但需要进一步分析。不论是城乡融合还是城市和乡村协调发展，最终服务的目标是“人”，是为了让所有人都能共享现代文明，让居民在城镇化进程中收入不断提高，消费商品、服务的种类和数量不断增加，与此同时，包括住房价格、通勤成本等在内的生活成本相对降低，也就是说城镇化的实质是为“人”服务，是为了居民生活质量的提高。基于此，我们认为城镇化质量即生活质量，这就是城镇化质量的内涵。生活质量包括和人们生活息息相关的方方面面，更加关注人们的身心健康、安全问题，更加关注知识的掌握及应用，更加关注提高生活的经济水平，改善居住和通勤条件等。目前有学者对“幸福感指数”进行研究，借以反映居民生活质量，由于幸福指数是对生活的主观意义和满足程度的一种价值判断，所以说这是对主观生活质量进行的研究，而我们的研究是针对生活质量的客观方面。基于此，城镇化质量主要包含以下几个方面的内容：

第一，从城镇化的过程来看，城镇化质量是指居民生活水平的提高、居住环境的舒适便捷和城市发展潜力的增强。生活水平指居民的健康状况和用以满足生活需要的社会产品和劳务的消费程度。居民生活水平提高，身体精神处于良好状态，消费商品的种类和数量会增加，生活质量会提高。生活环境指城市的公共服务、文化、环境、社会关系等各个方面都能协调发展，生活环境得到改善和提高则生活质量提高。城市发展潜力是指城市能够在维持当前经济、社会、环境、资源良好运行的基础上，更加开放、更加包容、更加有创意，在政府职能明确、政府目标选择全面的基础上，积淀充足的具有创新意识、创新精神的人才，在发展潜力大的城市居民生活质量会提高。

第二，从城镇化的结果来看，城镇化质量指所有居民都能共享现代文明，无论居住在哪，也就是我们通常所说的城乡一体化，即在经济发展过程中，农村人口城镇化，逐步缩小城乡差别，实现城乡经济、社会、环境的和谐发展，使城乡共享现代文明。

3.2 城镇化质量分析的基本框架

根据对城镇化质量内涵的界定，我们知道对城镇化质量的考察维度包括：居民生活水平、城市宜居程度、城市发展潜力和城乡一体化四个方面。

3.2.1 生活水平

生活水平指居民的健康状况（见专栏3－1）和用以满足生活需要的社会产品和劳务的消费程度。居民生活水平是从城镇化进程中反映城镇化质量的，它的变化不仅会影响到城镇化进程，还会影响城镇化质量的高低。从居民生活水平和城镇化进程来看，居民生活水平提高城镇化进程可能会加快，反之居民生活水平降低会影响城镇化进程。从居民生活水平和城镇化质量来看，居民生活水平提高则说明居民生活质量提高，也就是城镇化质量得到提高，反之则降低。居民生活水平得到提高则居民生活方式会改变。城市生活方式是指由城市特定的社会生活条件对居民社会生活产生的特殊影响而形成的生活方式，它为城市居民所接受，并且体现于城市生活活动的各个方面。生活方式的改变是城镇化质量的重要体现。城镇化过程是一个深刻的、全方位的变革过程。在这一过程中，居民整体素质不断提高。农村人口转移到城市之后，城市文明不断向其传播与渗透，人们的生活条件、生活习惯、消费结构、行为方式、思想观念、道德意识、社会交往、综合素质等方面都会发生转变，会告别自给自足，摆脱小富即安，追求文明进步，崇尚开拓进取，从而形成与乡村不同的生活方式。从某种程度上说，生活方式的改变对城镇化质量的影响更为深刻，难度也更大。因此，生活方式的城镇化，对提高城镇化质量有着极为重要的意义。生活水平具体内容包括：居民的健康、就业、实际收入水平和消费。首先，健康不仅是使人类生活体现价值的基本潜能之一，更是人全面发展的基础，也会对经济增长做出重要的贡献。根据世界卫生组织的解释，现代健康的含义并不仅是传统所指的身体没有病而已，也是指一个人生理、心理和社会上的完好状态，这是现代关于健康的较为完整的科学概念。就业是民生之本，只有通过就业，一个人才能获得收入、安居乐业，伴随居民收入不断提高，其需求层次会变动，而这些需求的满足会提高生活的质量。其次，居民收入水平，可以提高人们的衣食住行等物质条件，可以改善居民的健康状况，可以提高居民的受教育程度以及自身的素质，并且为自己的孩子提供良好的生活环境和教育条件。最后，随着城市文明的传播与渗透，人们会居住舒适、沟通方便、观念更新、人际关系和谐、相互信任、有社会责任感，进而生活质量会得到提升。

专栏 3－1

城市化进程中的健康问题

在城市化进程中，往往会带来令人担忧的健康问题，无论是自身还是外部均对健康有所影响。

在外部环境中，由于企业为了追求利润最大化，加之管理力度不完善，偷工减料等悖德现象频频出现，甚至危害到人体健康。其中影响最大的便是食品安全问题。如 2006 年苏丹红事件，不法分子在鸭蛋中加入苏丹红染料；2008 年三聚氰胺事件，导致共有 6 个婴儿身亡，约 30 万儿童患病。接连几年频频出现食品安全问题。2010 年“地沟油”事件，该年中国返回餐桌的地沟油达到 200 万～300 万吨，这些地沟油有强烈的致癌性，其中一部分是由屠宰场将动物内脏的隔膜、碎末等废物压榨形成，另一部分则是已经变质的动物内脏。其最大的来源其实是城市饭店下水道的隔油池。通过制作成食品和火锅底料被运往安徽、上海、江苏、重庆等地。[①]近年来西部城市中也有食品安全问题发生。2015 年陕西秦晋中医糖尿病研究所因在食品中违法加入药物成分冒充保健品，同年的甘肃省的天然居大酒店也因食品操作违反安全流程、做饭生熟不分、忽视餐具的清洁等违法行为而引起人们出现食物中毒的情况。[②]

除了外部因素，心理健康也是影响健康的重要因素。2007 年《我国自杀状况及其对策》中显示，中国总人口排名第五位的死因便是自杀，且其中 80% 的人患有抑郁症。根据数据统计，自杀还存在城乡差异，农村的自杀比例远远高于城市。[3]两年仅在重庆的菜园坝长江大桥上就有7起自杀事件，其中两次时间仅差3天；南京长江大桥自建成已发生数千起跳桥自杀事件；[4]2015年四川省人民医院因医疗纠纷也发生了自杀的事件。[5]因抑郁自杀的事件近年来也较为常见，以新疆为例，据新疆人民医院的住院数据显示，新疆的抑郁症发病率较高，发病率约为5%～10%，几乎10个人中便有一个人患有抑郁症，抑郁人群主要是老年人以及17～35岁的人群。[6]贵州省的紧急救援中心也表示，每月平均自杀病例有5～6起，自杀的主要原因也是抑郁。

资料来源：①盘点近年来被曝光的十大食品安全事件［N/OL］. 中华网，2014－10－16. http：//news. china. com/focus/ksf/11166948/20141016/18866823_ all. html.

②食品安全十大典型案例［R/OL］. 国家食品药品监督管理总局（CFDA），2016－03－14. http：//www. sda. gov. cn/WS01/CL0051/147080. html.

③费立. 我国自杀及自杀未遂现状与对策［R/OL］. 北京回龙观医院北京心理危机研究与干预中心，2005－03. http：//www. docin. com/p－1065061612. html.

④刘义源. 重庆市主城区跳桥自杀研究［R/OL］. 2016－05－14. http：//www. doc88. com/p－1975216579776. html.

⑤雷兹. 四川省医院一主任医师自杀［N/OL］. 四川新闻网，2015－04－01. http：//sc-news. newssc. org/system/20150401/000551811. html.

⑥王渊. 十个新疆人中有一个有点抑郁［N/OL］. 亚心网，2017－04－10. http：//www. iyaxin. com/content/201704/10/c118566. html.

3.2.2 宜居程度

城镇化最终要为“人”服务，要以人为本、以人的安居乐业为方向，这也符合科学发展观的内涵。本书所说“宜居”是指，城市的公共服务、文化、环境、社会关系等各个方面都能协调发展，使人们在“衣食住行学”等方面舒适便捷、感到满意。具体包括：公共服务到位，义务教育、医疗（见专栏3－2）、卫生、基础设施等质量良好，社会保障体系健全，就业机会多，交通快捷，公用设施完善，治安良好。

专栏3－2

城市化进程中的医疗问题

我国医疗主要体现在“看病贵”和“看病难”两方面，其中北京市最为显著。

据卫生部《2005年中国卫生统计提要》显示，2004年全国门诊人均需医疗费117.7元，住院人均费用为4283.7元。但北京市2005年门诊人均需医疗费234.1元，住院人均费用为4283.7元。足可以看出北京市医疗费用远高于平均水平。到2009年，中国门诊人均医疗费已达到160元，住院人均费用为5952元。一次住院费用相当于城镇居民收入的1/3，可以看出医疗费用的增速很快，从1991年到2008年的17年，人均医疗住院费用分别增长了12.5倍和10.1倍。一次诊治如此，有些经常需要看病的老年人以及慢性病患者便会有更大负担。①

医疗不仅体现在“看病贵”，“看病难”也是重要特征。几乎每天有20万病人涌入北京市的医院，医院前经常出现交通拥堵，例如北京同仁医院，其中70%的患者均来自外省，每日的门诊量多达5000人，寒暑假期间则达到9000多人次，其中仅看眼科的患者竟达到日均3988人。2005年北京市在每千人口医院床位数、医师数和护士数中均是全国第一，远远高于全国水平。也因外地患者集中于此地引起“看病难”的问题。因此为了解决看病难的现象，2009～2011 年北京市开通了电话、网络预约服务，每天大概有 7000～8000 人通过该方式预约挂号，即使这样，还是较难缓解看病难的问题。②

从以上案例可见，在医疗方面有如下特点：第一，医疗资源分布不均衡，优秀的医生和护士集中，分布严重不均衡导致看病难。第二，由于人们对医疗的需求提升，导致医疗需求与医疗供给出现不均衡，导致看病贵、看病难。第三，医疗供给的单一使得供给无法匹配需求，导致看病难。

资料来源：①周子君，曹维金，申铁．北京市看病难看病贵成因分析［J］．中华医院管理杂志，2007－01，23（1）：53－55.

②王晓易．北京医院挂号难调查［N/OL］．新华网，2013－08－19. http：//news.163. com/13/0819/10/96KPF63800014JB5. html.

完善公共服务主要从以下几个方面提高城镇化的质量：首先，可以降低居民的生活成本。城镇化理论中对于城镇化质量的关注并不仅仅是简单地为了城镇化的健康发展，而是因为城镇化的健康发展会带来整体居民生活质量的改善，它可以提高人们的收入水平、提高人们的衣食住行等物质条件，可以改善居民的健康状况，可以提高居民的受教育程度以及自身的素质。只有居民整体的生活质量都获得了改善与提高，才能实现我们追求城镇化的意义。而改善居民的健康状况、提高居民的受教育程度、降低居民的出行成本等依赖于政府对公共服务的充足供给。如果公共服务的供给充足，则可以从教育、医疗、交通等多方面降低居民的生活成本，从而提高生活质量。其次，充足的公共服务可以改变人们的生活方式。比如，由于公共服务包括为公民生活、发展和娱乐等活动提供通信等基础性服务，因此可以充分利用电视、广播、报纸、网络等多种媒体，从舆论导向上加大对文明行为的宣传力度，以此改变居民精神文化生活方式、社会交往方式等。通过充足的公共服务使居民的生活方式城镇化，以此提高城镇化质量。再次，奥沙利文（2002）指出“有确凿的证据表明地方公共服务对地区企业成长产生重大的积极影响。如果两个城市其他各方面的情况相同，唯一区别是地方公共服务的质量，那么公共服务质量高的城市发展速率高。同样，在其他条件相同的情况下，如果一个城市改进了公共服务，那么该城市将以更高的速率成长发展。”

企业的发展对城镇化质量的影响，具体表现在以下三个方面：第一，一个企业生存状态的好坏影响本企业员工的生活质量。首先，好的企业不仅对企业主来讲对其尊重、自我实现等需求的满足产生重要影响，而且对企业员工来讲，好的企业不仅满足其生存、安全、归属的需要，还能给员工带来希望和自我实现的满足感。而一个经营不善的企业，从上到下所释放出的不安定因素，不仅从精神上对员工产生不良影响，而且往往直接影响一些员工的基本生活保障需求。其次，企业是城市的微观基础，企业发展得好坏直接影响城市的根基。这是因为，一方面，大多数市民谋生的场所是企业，企业的运转和成长可以增进社会财富，提高人们的生活福利，使壮有所用、老有所依，企业构成了城市的微观基础，也是组织社会生产、分配的最佳的和最主要的制度安排。另一方面，企业为城市市民的日常生活提供着越来越多的产品和服务，极大地丰富了人们的物质文化生活。最后，企业对城镇化质量的影响，还体现在对城市精神与制度文明的长远影响以及对形成开放包容的市民性格的长远影响上。企业不仅是城市经济增长的主体力量，还是城市精神文明与制度文明建设的主要力量。好的企业文化对城市乃至更大的区域精神文明建设都会产生好的溢出效果，企业微观层面的产权制度、运行机制和体制的变革也会对城市政治、经济制度产生持续的影响，如基于效率而设计的优秀企业管理制度正在对城市政府的改革起着很好的示范作用。因此，如果公共服务供给充足，城镇化质量会得到提高。第二，文化生活丰富、供给充足，传承与创新共存。第三，生态健康、环境优美，为人们提供健康、舒适的生活环境和清洁、安全的工作场所。生态环境是城镇化质量的重要方面，伴随着我国经济的迅速发展，城镇化的快速推进，城市的环境问题日渐突出，严重的生态环境问题成为城镇化质量提高的制约性因素。

生态环境对城镇化质量的影响主要表现在以下几个方面：首先，生态环境污染对资源的负面影响制约了城镇化质量的提高。严峻的生态环境形式已经对中国的资源尤其是水、土地等产生了比较严重的负面影响，城市居民用水质量持续下降，居民对用水质量的需求无法得到有效保证。水体污染使洁净的水源变得弥足珍贵，城市因缺水而提高用水价格会提高生活和生产成本，同等条件下会降低居民购买力，从而抑制生活质量的提高。工业化与城镇化进程的加速促使工业固体废弃物和生活垃圾呈持续增长的态势，但由于目前我国比较成熟的处理固体废弃物的方法是填埋的方法，这种处理方式会占用大量的土地资源，制约了城市空间扩张对土地资源的需求。这种发展态势势必会阻碍城镇化进程，降低城镇化质量。其次，生态环境污染对城市居民的身体健康构成了危害。城市中高密度工业造成的空气、水、噪声和固体废弃物污染等问题已经对城市居民的生活和健康造成了巨大的影响。其中大气污染物会对人体组织造成不同程度的破坏，我国城市居民慢性病的发病率，心血管病，急性肿瘤病率均高于农村，而且逐年增加，2009 年国内民众对于垃圾焚烧项目的质疑，就是担心垃圾焚烧后的排放物质二噁英会对大气和人体健康带来莫大风险；流经城市的河段 90% 受到严重污染，在较小的城市里，即使仅有一两个工厂向附近唯一的河里倾倒废物，也会污染人们的饮用水，对人们的身体健康构成威胁；目前处理固体废弃物的主要方式是垃圾填埋，但填埋普遍存在渗透问题，给城市居民的饮水安全带来威胁。一系列的生态环境问题制约了城镇化的进一步发展，严重影响了城镇化质量的提升。最后，城市经济生态系统中，若受局部、短期经济利益的驱动，就会出现只顾自身发展不顾环境污染的现象，使自然生态系统遭到破坏，从而影响居民在生理、心理上对其美好环境、自然景观的追求，也会阻碍城镇化质量的提高。

综上，生态环境的恶化会从方方面面抑制城镇化质量的提升，而随着生态环境的改善，城镇化质量将会得到提高（孙慧宗，2011）。

3.2.3 城市发展潜力

城市发展潜力是指城市能够在维持当前经济、社会、环境、资源良好运行的基础上，更加开放、更加包容、更加有创意，在政府职能明确、政府目标选择全面的基础上，积淀充足的具有创新意识、创新精神的人才，具有强大的科技研发水平，能够更好地支撑未来发展的能力。具备这样能力的关键因素是教育和科技。

经济增长理论告诉我们，人均 GDP 取决于两个关键因素：一个是人均资本，另一个是全要素生产率。通常，全要素生产率主要取决于教育水平，这是斯科特·罗泽尔（Scott Rozelle）强调中国要加大对于教育的投入，特别是加大对欠发达地区农村教育投入的原因（陆铭，2016）。教育从以下几个方面影响城镇化进程，同时影响城镇化质量。第一，教育促进劳动力从农村向城市迁移。在城市从事工业和服务业的教育回报高于农村，因此，劳动力从农村向城市转移就是提高教育回报的途径。在一个代表性家庭中，教育水平较高的成员在工业和服务业领域有比较优势，会被派到城市里务工。实证研究证实了这一点，通过使用 CHIPS2002 年数据，在控制了其他个人、家户、乡村特征等变量后，不同的教育水平对农民工进城有着不同的正效应。如果以文盲作为参照组，那么具有初中和小学教育水平分别会提高农村劳动力外出务工概率 7.13% 和 5.25%。而具有较高教育水平的人外出务工的概率提高较低（技校或大专教育水平提高概率 4.75%，高中教育水平提高 4.9%），当然这可能是由于具有初中以上教育水平的农村劳动力更易获得城市户口，因此不被计入外出务工人员中。第二，高技能劳动者向教育水平更高的城市集聚。高技能劳动者向教育水平更高的城市集聚是这些城市规模扩张的原动力。由于人力资本存在外部性，一个城市的平均受教育程度越高，劳动者获得的学习机会就越多，其劳动生产率和工资的增长就越快。“人力资本外部性”的含义是，一个人的教育水平提高不仅提高了自己的私人收入，还在与其他人的社会互动中产生知识的外溢性，从而在加总的意义上产生社会回报，即一个人能够从其他人的教育水平提高中获得收益，包括收入提高、犯罪率下降和人民生活质量改善。如果人力资本外部性很大，那么，劳动力从农村流动到城市，或者从教育水平低的城市流动到教育水平高的城市，就可以获得收入的提高。利用 2000 年和 2010 年的人口普查数据并借鉴贝利和格莱泽（Berry and Glaser）的做法，来考察 2000 年城市人力资本情况对 2000～2010 年的城市人力资本变化情况的影响，结果发现，2000 年城市高技能者比例每增加 1 个百分点，2000～2010 年的高技能者比例会增加 1.3 个百分点；即使控制 2000 年的城市人口规模、人均 GDP 和产业结构，2000 年的城市高技能者比例每增加 1 个百分点，2000～2010 年的高技能者比例会增加 1.02 个百分点。值得一提的是，现有城市的高技能者比例影响后续高技能者比例的现象在美国同样存在。第三，城市人力资本对于劳动力流动的影响。如果高技能、低技能的劳动力之间存在着技能互补性，那么，高技能、低技能的劳动力会同时向人力资本水平更高的城市集聚。

新古典经济学家保罗·罗默的内生经济增长模型提出，技术进步是经济增长的核心。伴随着知识经济发展和科技全球化的到来，国家创新能力对实现社会经济发展目标将起到关键性的作用，创新已经成为衡量一个国家核心竞争力的关键因素。作为创新活动物质基础的科技资源通常被称为“第一资源”，其是指为了实现科学技术的不断进步而进行的人力、财力、物力、信息等科技要素投入的总和。研究表明，科技资源投入的数量与质量是构成国家创新能力的重要基础，从根本上决定着这个国家的创新水平和创新绩效（范斐、杜德斌、李恒、游小珺，2013）。科技发展对城镇化也产生了重大影响，科技城市的建设成为世界各国发展经济的重要途径（田野，2015）。

3.2.4 城乡一体化

城乡一体化指在经济发展过程中，农村人口城镇化，逐步缩小城乡差别，实现城乡经济、社会、环境的和谐发展，使城乡共享现代文明。具体而言，城乡一体化的内涵包括：第一，逐渐消除城乡二元结构，建立了一元结构制度，城市和农村实现了协调发展目标。第二，城市和农村建立了一元结构制度，但是两者之间由于规模、环境、作用等因素的影响，它们的差别不可能完全消除，正因为有这种差别，才能实现优势互补，互相促进，共同发展。第三，城乡一体化和城镇化的进程一致，共同发展，城镇化的发展可以带动农村的发展，促进城乡一体化的进程，城乡一体化进程加快反过来可以促进城镇化的进一步发展，两者相辅相成。第四，城乡一体化的发展，是强调全面的发展，包括经济、社会、文化、生态等各个方面的发展（见专栏3 -4）。

专栏3 -3

中国创新能力现状

党的十八大明确提出“科技创新是提高社会生产力和综合国力的战略支撑，必须摆在国家发展全局的核心位置。”强调要坚持走中国特色自主创新道路、实施创新驱动发展战略。目前我国科技创新能力相对较弱，根据有关研究报告，2004 年，我国科技创新能力在 49 个主要国家（占 GDP 的 92%）中位居第 24 位，处于中等水平。2012 年我国科技创新能力在全球排名第 20 位，2017 年上升至第 17 位。但仍与西方国家存在差距，在欧、美、日等发达国家，每万人发明专利拥有量都在 30 件以上。而我国，每万人发明专利拥有量仅达 8. 9 件。我国创新能力弱，一方面是与发达国家交流合作得不够。自己的被动与保守加之西方的封锁保密，俄罗斯是一个成功的榜样，它在受到封锁的情况下，以己之力生产出大批高科技产品。我国应一边加强与先进国家的交流，一边下功夫重点加强创新。另一方面是中国科研创新的投入不足，人力、财力与重视都不足。新中国成立之初，经济实力不足导致科研创新能力不足，也是一大原因。

资料来源：科技创新是提高社会生产力和综合国力的战略支撑［N/OL］. 2016 - 02 - 27. http：//www. xinhuanet. com/politics/2016 - 02/27/c_ 128754760. htm.

城镇化是城乡一体化发展的前提，城镇化发展才能推动城乡一体化的进程，城乡一体化是城镇化发展的最高阶段，城镇化发展的最终目标是实现城乡一体化。城镇化的发展可以通过转移农村剩余劳动力、调整和转移产业结构来促进城乡一体化的进程，城乡一体化进程的加快反过来可以促进城镇化的发展。城乡一体化关键是促进公共资源在城乡之间合理、均衡地配置，实现生产要素在城乡之间的自由流动，促进城乡经济社会的发展和融合（李栋、何英磊，2014）。

我们可以看出在这四个维度中，居民的生活水平是提高生活质量的前提，宜居程度是基础和保障，发展潜力是动力，城乡一体化是终极目标，只有四个维度共同发展，所有居民生活质量才会提高，即城镇化质量得到提高。

专栏 3－4

城乡教育和收入差距

我国城乡存在很大差距，首先是城乡教育差距，在九年义务教育阶段，农村学生辍学现象比较严重，农民工子女不能平等地接受义务教育。其次是城乡医疗差距。目前，全国农村合作医疗的覆盖率只有10%多，80%以上的农民属于自费医疗群体。社会保障仅包括五保供养、低保、特困户基本生活救助、优抚安置等项目，甚至在一些农村地区养老、合作医疗还未完全建立，失业保险、工伤保险、生育保险、住房保障等基本没有。农村社会保障的项目少且覆盖面小。从养老保险的角度来看，2008 年城镇居民人均年基本养老保险支付就已经达到 13933 元，而同年农村人均年基本养老保险支付仅为 1109 元，城镇水平约为农村水平的 12.56 倍，差距之大显而易见。近年国家一直致力于缩小城乡养老保险差距，2018 年农民可以领到更多的养老保险以及社会福利。如江苏省常州市，自 2018 年开始，农村基本养老保险将提高到每月250元。安徽省芜湖市，市区的人均养老保险标准由原来的每月120元增加到140元，而县级村民也是至少增加17元。

以安徽省为例，近20年，随着安徽省经济不断发展的同时，城乡差距也在无形之中扩大。安徽省1995年城镇家庭人均可支配收入为3779元，2011年为18606元，增长了近5倍；而农村家庭人均可支配收入由1995年的1303元增加至2011年的6232元，增长近4倍。但与此同时城乡差距也在不断扩大，由1995年的相距2476元增长至2011年的12374元，呈现“喇叭口”形状。2017年城镇常住居民人均可支配收入达到29156元，农村常住居民人均可支配收入达到1720元，两者相差15倍，城乡收入差距不断扩大。

资料来源：安增龙．中国农村社会养老保险制度研究［M］．北京：中国农业出版社．

3.3 小结

城镇化最终服务的目标是“人”，是为了让所有人都能共享现代文明，让居民在城镇化进程中收入不断提高，消费商品和服务的种类、数量和质量不断增加和提升，与此同时包括住房价格、通勤成本等在内的生活成本相对降低，也就是说城镇化的实质是为“人”服务，是为了居民生活质量的提高。基于此，本书认为城镇化质量即生活质量，这就是城镇化质量的内涵。生活质量包括和人们生活息息相关的方方面面，更加关注人们的身心健康、安全问题，更加关注知识的掌握及应用，更加关注提高生活的经济水平，改善居住和通勤条件等。基于此，城镇化质量主要包含以下几个方面的内容：

第一，从城镇化的过程来看，城镇化质量是指居民生活水平的提高、居住环境的舒适便捷和城市发展潜力的增强。生活水平指居民的健康状况和用以满足生活需要的社会产品和劳务的消费程度。居民生活水平提高，身体精神处于良好状态、消费商品的种类和数量会增加，生活质量会提高。生活环境指城市的公共服务、文化、环境、社会关系等各个方面都能协调发展，生活环境得到改善和提高则生活质量提高。城市发展潜力是指城市能够在维持当前经济、社会、环境、资源良好运行的基础上，更加开放、更加包容、更加有创意，在政府职能明确、政府目标选择全面的基础上，积淀充足的具有创新意识、创新精神的人才，发展潜力大的城市居民生活质量会提高。

第二，从城镇化的结果来看，城镇化质量指所有居民都能共享现代文明，无论居住在哪，也就是我们通常所说的城乡一体化，即在经济发展过程中，农村人口城镇化，逐步缩小城乡差别，实现城乡经济、社会、环境的和谐发展，使城乡共享现代文明。

根据对城镇化质量内涵的界定，对城镇化质量的考察维度包括：居民生活水平、城市宜居程度、城市发展潜力和城乡一体化四个方面。

第4章

城镇化质量评价指标体系构建

本书第 3 章对城镇化质量的内涵进行了清晰界定，本章将在此基础上构建测度城镇化质量的指数，按一定的方法选择指标、按一定的原则设置指标体系，客观、公正、合理地对西部和内蒙古地区城镇化质量水平进行度量并做出评价。

4.1 评价指标的选取

4.1.1 选取依据

本书深入分析了城镇化进程，在充分理解不同学者对城镇化内涵界定的基础上，认为一个完整的城镇化的定义应该外在表现为数量的扩张，而内在表现为质量的提高。一方面，“量”的内涵是实现“质”的内涵的必要前提，唯有一定的数量内涵才能不断推动城镇化的进程；另一方面，没有了“质”的内涵，即没有人民生活质量的不断提高，城镇化也就没有了意义。因此，城镇化是由于分工的不断深化，产业结构的调整与升级，资源在城市扩张中不断得到优化配置，使社会从一种自然、原始、封闭、落后的农业文明，转变成为一种以现代工业和服务经济为主、以完善的城市基础设施和公共服务设施为标志的现代城市文明的过程。其中城镇化的“量”指“分工的不断深化，产业结构的调整与升级，资源在城市扩张中优化配置”，“质”指“社会从一种自然、原始、封闭、落后的农业文明，转变成为一种现代工业和服务经济为主、以完善的城市基础设施和公共服务设施为标志的现代城市文明”，如前所述，城镇化质量即生活质量。

对城镇化质量本质与内涵的重新界定，是对原有城镇化质量理解的扬弃与发展。本书不再以城镇化率作为评价城镇化量的标准，而是以“分工的不断深化，产业结构的调整与升级，资源在城市扩张中优化配置”作为城镇化量的评价标准，这样城镇化质量以生活质量为研究对象，研究和人们生活息息相关的方方面面。更加关注人们的身心健康、提高生活的经济水平、改善居住条件和环境，更加关注知识的掌握及应用，更加关注安全问题。城镇化质和量相伴而生，城镇化的质着力于转变生活方式，实现友好的生态环境、和谐的人际关系、创新的社会氛围和包容的社会风尚。

因为本书在城镇化内涵的界定中将其划分为生活水平、宜居程度、发展潜力和城乡一体化，所以以下关于城镇化质量的科学度量将从这四个维度展开。

只有上述四方面内容同时包容在城镇化质量中，城镇化进程中的质量才具有了统一可比的指标基础，对于城镇化质量的比较才具备可观控的和可测度的共同内容。城镇化质量的度量标准正是在这一原则的指导下，加以细化和分类的。

4.1.2　选取原则

从具体操作层面来说，所构建的城镇化质量指标体系应符合以下标准：

（1）指标体系的完备性。指标体系就评价目的来说应该能够全面反映评价对象的各方面特征。在构建指标体系之前，应用物理学“事理—人理”的方法论（顾基发等，2008），深入分析和挖掘评价对象的潜在特征，并广泛征求与评价对象相关人员的意见，尽可能列出所有影响评价结果的指标，建立一个比较完备的指标库。从理论上来讲，为了达到指标体系的完备、标准，指标数量应尽可能多一些。在构建指标体系时，我们往往都会选择尽可能多的指标供专家筛选。因此，指标体系完备性的这一标准比较容易满足。

（2）指标体系精简性。为保证指标体系的完备性，将指标库所有的指标都加入到指标体系是不科学的和不经济的。因为指标数量增多意味着数据获取成本增加，另外指标之间可能存在一定的相关性，致使一些指标成为冗余指标。因此，指标体系要在信息全面性和指标数量尽可能少之间寻找最优均衡点。

（3）指标体系的普适性。同类评价对象之间存在空间上的差异性，用同一指标体系进行测评难免存在一定的系统误差，因此，构建指标体系时应该尽量控制指标体系的灵敏度，使其具有普适性。

依据内蒙古自治区城镇化质量的理论内涵、结构内涵和统计内涵，我们建立了由四大体系组成的衡量内蒙古自治区城镇化质量的指标体系。这些指标以及由这些指标形成的体系，力求具备：

其一，内部逻辑清晰、合理；其二，简捷、易取，所代表的信息量大；其三，权威、通用，可以在统一基础上进行宏观对比；其四，层次分明，具有严密的等级系统，并在不同层次上进行时间和空间排序；其五，具有理论依据或统计规律的权重分配，评分试题和排序规则。

4.2　评价指标体系的基本内容

4.2.1　生活水平

生活水平指居民的健康状况和用以满足生活需要的社会产品和劳务的消费程度。生活水平具体内容包括：居民的安全、健康、就业、实际收入水平和消费。居民安全状况指具有特定功能或属性的事物，在外部因素及自身行为的相互作用下，足以保持正常的、完好的状态，免遭非期望的损害现象，包括道路、工作场所的安全、人身安全、意外伤害等。这是人全面发展的前提，只有居民安全了才会考虑其他事宜。健康不仅是使人类生活体现价值的基本潜能之一，更是人全面发展的基础，也会对经济增长做出重要的贡献。根据世界卫生组织的解释，现代健康的含义不仅是传统所指的身体没有病而已，也是指一个人生理、心理和社会上的完好状态，这是现代关于健康的较完整的科学概念。就业是民生之本，只有通过就业，一个人才能获得收入、安居乐业，伴随居民收入不断提高，其需求层次会变动，而这些需求的满足会提高生活的质量。居民收入水平，可以提高人们的衣食住行等物质条件，可以改善居民的健康状况，可以提高居民的受教育程度以及自身的素质，并且为自己的孩子提供良好的生活环境和教育条件。

随着城市文明传播与渗透，人们会居住舒适、沟通方便、观念更新、人际关系和谐、相互信任、有社会责任感，进而生活质量会得到提升。

4.2.1.1　安全

衡量是否安全的指标：14 岁以下儿童受虐待比率、14 岁以下儿童意外伤害住院的比率、14 岁以下儿童因故意受伤住院的比率、14 岁以下儿童意外死亡的比率、65 岁及以上老人因意外住院的比率、重大交通事故比率、事故造成的社会损失、员工工伤比率和犯罪率。

据统计，“每年有 1 万名左右的妇女和儿童被拐卖，其中 10% 为儿童；道路事故已成儿童的最大杀手；意外伤害是 0 ~ 14 岁儿童的首位死因……”中国每年有超过 20 万的 14 岁以下儿童因意外伤害死亡，即每三个死亡的儿童中就有一个是意外伤害所致。而在发达国家，关于儿童的道路安全有比较全面的制度设计，包括立法、安全教育，并对家长的监护有所要求，如 14 岁以下儿童没有成年人监护不能单独外出等。① 所以我们选择了如上指标来反映儿童的安全问题。而老人和儿童一样是弱势群体，也容易受到意外伤害，所以我们用 65 岁及以上老人因意外住院的比率反映人的安全问题。根据我国交通事故网调查，平均每天发生交通事故 46 起，重大交通事故 15 起，直接造成人员伤亡 20 人以上。② 由此我们选择重大交通事故比率和事故造成的社会损失反映居民出行的安全程度。员工工伤比率越低说明工作场所越安全；犯罪率越低说明居民生活越安全。

---

① http：//news. eastday. com/c/20110605/u1a5927406. html.

② http：//zhidao. baidu. com/link? url = fTAUcMuywDe0pVebkt – 7SegpNdWVm1VUB7nSglMTYL0aYoJa1. Ov31sfQmR – G0KTl30eE0LwHMz6 –_ mYF18R1ra.

4.2.1.2 健康

衡量健康与否的指标：人口平均预期寿命、婴儿死亡率、全科医生数、自杀死亡率、幼儿入园率、居民休闲娱乐状况。

（1）人口平均预期寿命。寿命的长短受两方面的制约。一方面，社会经济条件、卫生医疗水平限制着人们的寿命，所以不同的社会、不同的时期、人类寿命的长短有很大的差别；另一方面，由于体质、遗传因素等个人差异，也使每个人的寿命长短相差悬殊。该指标可以反映出生活质量的高低。

（2）婴儿死亡率是反映一个国家和民族的居民健康水平的重要指标。

（3）全科医生是执行全科医疗的卫生服务提供者，他们是综合程度较高的医学人才，主要在基层承担预防保健、常见病多发病诊疗和转诊、病人康复和慢性病管理、健康管理等一体化服务，被称为居民健康的“守门人”。在欧美等发达国家，全科医生一般占医师总数的1/3甚至1/2以上，而在我国，注册全科医疗科职业医师数仅占医师总数的4.3%。尤其在乡镇卫生院一级，几乎没有专科院校毕业的全科医生。按照医改规划，到2020年，我国要初步建立起充满生机和活力的全科医生制度，基本实现城乡每万名居民有2～3名合格的全科医生。这就意味着，届时中国将有30万～40万名全科医生。但卫生部数据显示，2011年，中国注册全科医生仅有8万余名。① 该指标是反映居民生活质量的重要指标。

（4）自杀死亡率。自杀行为的形成相当复杂，涉及生物、心理、文化及环境因素，根据精神医学研究报告，自杀的人70%有忧郁症，

① http：//money.163.com/12/0427/17/8047C09B00253B0H_ all.html.

精神疾病者自杀概率更高达20%。[①] 该指标可以反映居民的身心健康及情绪稳定程度。

（5）幼儿入园率，根据国家教育相关规定，三周岁或三周岁以上六周岁以下适龄儿童都有权力在其监护人监督下进入国家创办或私人创办的学前教育机构——幼儿园进行培训学习。由于各种原因，这个年龄段一些儿童不能正常进入幼儿园，全国政协委员陈凌孚就“立足国家民族未来，加快振兴学前教育”发言时指出，全国范围内的幼儿入园比率不到40%，有一大半以上的适龄儿童被关在学前教育机构之外，特别是西部省份，个别地区幼儿入园率甚至不足5%。[②] 幼儿入园可以让孩子接受比较正规的学前教育、培养孩子的独立生活能力以及与他人交往的能力，等等，有助于儿童健康成长。

（6）居民休闲娱乐状况。该指标反映居民对闲暇时间的满意度及居民参加休闲活动的障碍，用一定时期内居民参加活动的次数表示。

4.2.1.3 就业

我们选取就业人数和职业培训比率衡量就业情况。

（1）就业人数，用万人就业人数表示就业机会，该指标越大说明就业越充分。

（2）职业培训是直接为适应经济和社会发展的需要，对要求就业和在职劳动者以培养和提高素质及职业能力为目的的教育和训练活动，目的是使受训者获得或提高某个方面的职业技能，有利于提高劳动者的文化素质和技术水平，有利于提高就业能力或获得更高收入。职业培训比率越高劳动者获取高收入的可能性越大。

① http：//baike. baidu. com/link? url = IST82CdBJN _ 5BgRGKxo - 5KA8Sr7WglHO _ TIK4wP6ttJJ085nPbHR4eAa4UGpJ0an.

② http：//2011lianghui. people. com. cn/GB/214392/14098097. html.

4.2.1.4 收入与消费

衡量该项的指标：职工平均工资、人均城乡居民储蓄年末余额、人均社会消费品零售总额、食物支出占收入的比率、居民的平均住房成本及平均通勤成本。

（1）职工平均工资反映了城市职工的平均收入水平，也是衡量城市从业人员收入水平的基本指标。职工平均工资的增加意味着市民生活质量的提高，但不排除由于物价的上涨导致职工平均工资的增加，以及整个城市居民人均增加的情况下大多数人的实际生活质量没有提高。

（2）城乡居民储蓄年末余额。指城乡居民存入银行及农村信用社的储蓄金额，包括城镇居民储蓄存款和农民个人储蓄存款。

（3）人均社会消费品零售总额反映一定时期内人民物质文化生活水平的提高情况，反映社会商品购买力的实现程度。

（4）居民住房成本在居民生活成本中占有很大的比例，因此该指标越低越有利于降低生活成本。

（5）居民平均通勤成本包括往返过程花费的时间和费用。该指标越大说明居民生活成本越高，不利于居民生活质量的提高。

4.2.2 宜居程度

本书所说“宜居”是指，城市的公共服务、文化、环境、社会关系等各个方面都能协调发展，使人们在“衣食住行学”等方面舒适便捷、感到满意。具体包括：公共服务到位，文化生活丰富、供给充足，传承与创新共存，生态健康、环境优美，为人们提供健康、舒适的生活环境和清洁、安全的工作场所。

4.2.2.1　公共服务

居民有衣食住行、生存、生产、生活、发展和娱乐的需求。公共服务正是保证满足居民生活、生存与发展，使居民受益或享受的物质条件。包括发展教育、卫生、体育等公共事业，为社会公众参与社会经济、政治活动等提供保障。教育投资的充足性、医疗卫生条件的好坏、社会保障体系的健全、基础设施的完善极大地影响着人们的生活质量。指标主要包括：万人在校高中生和大学生数、万人医院和卫生院数、万人床位数和医生数、人均道路面积、使用天然煤气人口占比、万人拥有公共汽车数。

（1）万人在校高中生数。指一定时期内高中学生在校人数与以万人计的人口的比。该指标是衡量一个城市人口质量高低的主要标志之一。

（2）万人在校大学生数。指一定时期内大学生在校人数与以万人计的人口的比。该指标也是衡量一个城市人口质量高低的主要标志之一，同生产力发展水平和人口增加值具有密切的联系，该指标超高，越有利于城镇化质量的提高。

（3）万人医院数。指一定时期内全部医院与人口的比。该指标反映了单位数量居民服务的就医条件的基本情况，是评价城市医疗水平的基本指标，也是衡量居民生活质量的一个重要指标。

（4）万人床位数。指城市各级各类医院本年 10 月底的固定实有床位与人口的比。包括正规床、简易床、监护床和正在消毒、修理的床及因扩建而停用的床位，但不包括产科的新生儿床、库存床、临时增设的床位、病人家属的陪床、接产室的待产床等。该指标反映了单位数量居民服务就医条件的基本情况，是评价城市医疗水平的基本指标，也是衡量城市居民生活质量的一个重要指标。

(5) 万人医生数。指一定时期内城市全部医生数与人口的比。该指标反映了单位数量居民服务的医生人数的多少，是评价城市医疗水平的基本指标，也是衡量居民生活质量的一个重要指标。

(6) 人均道路面积。指一定时期内按城市居住人口平均计算的道路面积，道路指经过铺筑的路面宽度在 3.5 米以上的道路，包括高速、次高速道路、普通道路、路面面积和与道路相通的广场、桥梁、停车场面积，不包括街道内部路面宽度不足 3.5 米的胡同、里弄、街心花园、侧石、人行道和路间的面积。该指标越高，表明居民生活质量越高。

(7) 使用天然气人口占比。一定时期内使用天然气的人口占总人口的比率。此指标越高，说明生活质量越高。

(8) 万人拥有公共汽车数。公共汽车是城市公共交通的主要工具，该指标反映了城市公共交通工具的装备密度和服务能力，体现了居民出行的便捷程度；该指标越高，居民的出行成本越低，越有利于生活质量的提高。

4.2.2.2 文化活动

衡量指标有万人拥有剧场、影剧院数、百人公共图书馆藏书数、万人互联网数。

(1) 万人拥有剧场、影剧院。指一定时期内剧场、影剧院数与以万人计的人口的比。

(2) 百人公共图书馆藏书。指一定时期内图书馆已编目的古籍、图书、期刊和报纸的合订本、小册子、手稿经济缩微制品、录像带、光盘等视听文献资料数量总和与城市人口（百人）的比。该指标在一定程度上反映了城市科技文化中活跃的状况。一般来说，城市中每百人图书馆藏书越多，表明城市的科技文化活动越活跃，城市越具活力。

（3）万人互联网。指使用互联网的用户与以万人计的人口的比。该指标越大，说明居民获取信息和交流信息能力越强。

4.2.2.3　生活环境

本书的生态环境主要指人工环境，如用于人类生活的建筑物、公园、绿地、服务设施等。生活环境的保护与每个人生活质量的好坏息息相关。指标主要包括：人均绿地面积、建成区绿化覆盖率、生活垃圾无害化处理率、城镇生活污水处理率、环境治理投资额（全市）和工业固体废物综合利用率。

（1）人均绿地面积，指一定时期内各种绿地面积与城市非农业人口的比。该指标体现了城市环境质量与居民居住质量状况。

（2）建成区绿化覆盖率，指城市建成区绿化覆盖面积与城市建成区面积的比。该指标体现了城市环境质量与居民居住质量的改善状况。

（3）生活垃圾无害化处理率、城镇生活污水处理率、环境治理投资额（全市）和工业固体废物综合利用率，这些指标越高，说明城市环境保护与生态建设工作成效显著。

4.2.3　城市发展潜力

城市发展潜力是指城市能够在维持当前经济、社会、环境、资源良好运行的基础上、更加开放、更加包容、更加有创意，在政府职能明确、政府目标选择全面的基础上，积淀充足的具有创新意识、创新精神的人才，具有强大的科技研发水平，能够更好地支撑未来发展的能力。具备这样能力的关键因素是人才和技术。

人才是指具有一定的专业知识或专门技能，在博学广识的基础上，在某一个领域或某些领域有所专长、效率高、讲方法、洞察力强、吃苦耐劳、有创造性思维、具备良好的人品、进行创造性劳动并对社会做出贡献的人，是人力资源中能力和素质较高的劳动者。“科技兴国”的第一步就是“人才发展战略”。衡量指标有教育投入占 GDP 比重，指一定时期内政府财政支出中的教育事业费与 GDP 的比。该指标是衡量政府对公共教育事业的投入力度和重视程度。该比例越高，说明政府对教育的投入越大，从人力资源的角度来看，将越有利于城镇化质量的提高。还有本科及以上就业人口占比，高科技从业人口比例和每千人拥有科学家、工程师数量，这些指标比例越高，说明城市人才潜力越强，城镇化质量提高的潜力越大。

“社会劳动生产力，首先是科学的力量”；“大工业把巨大的自然力和自然科学并入生产过程，必然大大提高劳动生产率”（马克思）。衡量指标有科技投入占 GDP 比重，指一定时期内政府财政支出中的科技经费与 GDP 的比。该指标是衡量政府对科技的投入力度和重视程度。还有每万人拥有专利数和专利技术市场成交额（元），这些指标比例越高，说明城市科技潜力越强，城镇化质量提高的潜力越大。①

4.2.4 城乡一体化

城乡一体化指在经济发展过程中，农村人口城镇化，逐步缩小城乡差别，实现城乡经济、社会、环境的和谐发展，使城乡共享现代文明。

衡量城乡一体化的指标有，城乡居民人均收入比、城乡家庭居民恩格尔系数比、城乡教育支出占总支出比、城乡居民文化娱乐消费支出比、城乡万人拥有医院床位数或医生数比、城乡居民参加养老保险

① 李鹏，2014；李博婵，2008；吕庆华，2016。

比率、城乡生活垃圾无害化处理率比率、城乡万人拥有清洁工人数比率，这些指标可以反映城镇和乡村居民生活、分享的公共服务及福利经济水平的基本状态（汪宇明等，2012；侯刘起等，2012）。

依据上述分析，我们构建城镇化质量评价指标体系，如表4－1所示。

表4－1 城镇化质量评价指标体系

目标层	准则层	子准则层	指标层	计量单位	指标属性
城镇化质量指数	生活水平	健康	婴儿死亡率	%	逆指标
			幼儿入园率	%	正指标
			全科医生数	人/万人	正指标
			人口平均预期寿命	岁	正指标
			自杀死亡率	%	逆指标
			人均公园面积	m^2/人	正指标
		就业	万人就业人数	—	正指标
			职业培训比率	%	正指标
		收入与消费	职工平均工资	元	正指标
			人均城乡居民储蓄年末余额	元	正指标
			人均社会消费品零售总额	元	正指标
			食物支出占收入的比率	%	适度指标
			房价与工资比率	%	逆指标
			城市居民的平均通勤成本	元	逆指标
	宜居程度	教育	万人在校高中生数	人/万人	正指标
			万人在校大学生数	人/万人	正指标
		文化	万人拥有剧场、影剧院	个/万人	正指标
			百人公共图书馆藏书	本/万人	正指标
			万人互联网	个/万人	正指标
		卫生	万人医院、卫生院	个/万人	正指标
			万人床位数	张/万人	正指标
			万人医生数	人/万人	正指标

续表

目标层	准则层	子准则层	指标层	计量单位	指标属性
城镇化质量指数	宜居程度	社会保障	社会保障覆盖率	%	正指标
		基础设施	人均道路面积	m^2/人	正指标
			使用天然气人口占比	%	正指标
			万人拥有公共汽车数	辆/万人	正指标
		生活环境	人均绿地面积	m^2/人	正指标
			建成区绿化覆盖率	%	正指标
			生活垃圾无害化处理率	%	正指标
			城镇生活污水处理率	%	正指标
			工业固体废物综合利用率	%	正指标
	发展潜力	人才潜力	本科及以上就业人口占比	%	正指标
			高科技从业人口比例	%	正指标
			每千人拥有科学家、工程师数量	人/千人	正指标
		技术潜力	研发支出占 GDP 比重	%	正指标
			每万人拥有专利数	件/万人	正指标
			专利技术市场成交额	万元	正指标
	城乡一体化程度	经济均等化	城乡居民人均收入差异	—	逆指标
			城乡家庭居民恩格尔系数差异	—	逆指标
			城乡教育支出占总支出差异	—	逆指标
			城乡居民文化娱乐消费支出差异	—	逆指标
		社会均等化	城乡万人拥有医院床位数差异	—	逆指标
			城乡万人拥有医生数差异	—	逆指标
			城乡居民养老保障差异	—	逆指标
			城乡居民医疗保障差异	—	逆指标
		环境协调	城乡生活垃圾无害化处理率差异	—	逆指标
			城乡万人拥有清洁工人数差异	—	逆指标

表 4－1 列出了城镇化质量指数所使用的全部指标，从中可以看出，我们所选择的基础指标均为各维度具有较高代表性和可比性的核心指标，则城镇化质量指数就由 47 个基础指标构成。城镇化质量是一

个高度复杂的问题，具有非常丰富的内涵，本章构建的城镇化质量指数力求能在总体上对内蒙古自治区城镇化质量的水平进行判断，当然不可避免地也会存在一些问题。

4.3 数据处理

4.3.1 数据来源及缺省数据处理

本书所采用的数据主要来源于：《中国城市统计年鉴》（2001—2016）、部分省市统计年鉴、部分城市国民经济与社会发展统计公报等。

由于统计年鉴中个别城市出现了某些指标数据缺省，对缺省的数据的指标，在建立综合评价体系时做了一些考虑，缺省数据主要利用“内插法”补足；在不具备条件的情况下根据以往历史数据进行回归分析和趋势外推获得；在不具备历史数据的情况下，则采用该城市所属省份的指标均值替代。

内插法的计算公式为：

$$x_t = x_1 + \frac{t \times (x_2 - x_1)}{n} \quad t = 1, 2, \cdots, n; \ x_2 > x_1 \tag{4.1}$$

式中，x_1、x_2 为缺省值相邻的两个数值；x_t 为插入值。

不具备条件的情况根据以往历史数据进行回归分析和趋势外推获得，公式为：

$$y_t = \beta_0 + \beta_1 x_t + \varepsilon \tag{4.2}$$

其中，y_t 代表该城市该缺省指标在预测目标年的数量；β_0 代表回归常数；β_1 代表回归参数；ε 代表随和误差；x_t 代表第 t 期自变量的值。

$$\bar{x} = \frac{\sum_{i=1}^{n} x_i}{n} \quad i = 1, 2, \cdots, n \tag{4.3}$$

其中，$\bar{x}$代表该城市所在省份该指标（缺省项指标）的均值；x_i 代表该省份 i 城市该指标的样本值；n 代表该省份地级以上城市样本数量。

4.3.2 评价指标的无量纲化

由于评价指标体系各个指标的数据量纲不同，为了保证数据在使用时不受量纲的影响，方便综合指数的建立，需要将数据标准化，即将数据进行无量纲化处理。它是通过数学变换来消除原始指标单位影响的方法。常用的方法有“标准化法”“极值法”“均值法”和“功效系数法”。但标准化方法处理后的各指标均值都为 0，而标准差都为 1，它只反映了各指标之间的相互影响，在无量纲化的同时也抹杀了各指标之间变异程度上的差异，因此，标准化方法并不适合用于多指标的综合评价中。在评价模型、评价指标的权重系数、指标类型的一致化方法都已取定的情况下，应选择能尽量体现被评价对象之间差异的无量纲化方法，而经过极值法处理的指标数据就符合这一要求。基于如上考虑，我们选择均值化方法对原始指标进行无量纲化处理。公式如下：

如果令 $M_j = \max\{x_{ij}\}$，$m_j = \min\{x_{ij}\}$，则：

$$x_{ij} * = \frac{x_{ij} - m_j}{M_j - m_j} \tag{4.4}$$

$x_{ij}*$ 是无量纲的，且 $x_{ij}* \in [0,1]$。

特别地，当 $m_j=0$（j=1，2，…，m）时，有：

$$x_{ij}*=\frac{x_{ij}}{M_j},\ (x_{ij}*\in[0,\ 1]) \tag{4.5}$$

4.3.3　权重的确定

如何确定权重系数，是综合评价中的核心问题，它直接影响到综合评价的结果。概括地说，权重系数的确定方法可分为三大类：一是基于“功能驱动”原理的赋权法；二是基于“差异驱动”原理的赋权法；三是综合集成赋权法。

基于“功能驱动”原理的赋权法，其实质是根据评价指标的相对重要程度来确定其权重系数的，其确定途径可分为两大类，即客观途径和主观途径。客观途径主要有结构性、机理性或成因性的构造方法，例如：

假如理想的系统是由 m 种“物质”构成，其构成分别为 M_1，M_2，…，M_m，其中 M_j（j=1，2，…，m）为第 j 种“物质”的“质量”，那么，权重系数 ω_j 就可定义为：

$$\omega_1=\frac{M_1}{\sum_{k=1}^{m}M_k,j=1,2,\cdots,m} \tag{4.6}$$

然而，客观现实中的系统在运行过程中或受环境的影响，或受评价者主观愿望的影响而呈现出不同方面的特征，这就给确定权重系数带来了困难。因而在很多场合下，往往是通过主观途径来确定权重系数，即根据人们主观上对各评价指标的重视程度来确定其权重系数的一类方法。对于主观赋权法来说，其共同特征是：第一，含有主观色彩，即赋权结果与评价者（或决策者）的知识结构、工作经验及偏好等有关；第二，评价过程的透明性差、再现性差；第三，在一定的时间区间内，权重系数 ω_j（$j=1, 2, \cdots, m$）具有保育性和可继承性。

总之，基于“功能驱动”原理的赋权法，是一类“求大同存小异”的方法。

基于“差异驱动”原理的赋权法。我们知道，即使某个评价指标非常重要，但在 n 个被评价对象中，若它取值的波动程度非常小，那么，无论其取值有多大，对这 n 个被评价对象来说，该指标在评价过程中，对评价结果的影响都是非常小的。极端一点来说，若某个非常重要的指标关于这 n 个被评价对象的取值是完全相同的，那么，该重要指标（相对于这 n 个被评价对象来说）在评价过程中的作用是“零”。反之，若某个评价指标是不太重要（但不能舍去）的，但在 n 个被评价对象中，它取值的变化（或波动）程度却非常大，那么，对这 n 个被评价对象来说，该指标在评价过程中，对评价结果的影响是非常大的。这时，（相对于这 n 个被评价对象来说）出现了这样一种情况：不重要的指标的作用，远大于重要指标在评价过程中所起的作用。这就是“差异”的驱动所致。

通过上述分析可以看出，基于“功能驱动”原理的赋权法即主观赋权法，虽然反映了评价者（或决策者）的主观判断或直觉，但在综合评价结果或排序中可能产生一定的主观随意性，即可能受到评价者（或决策者）的知识或经验缺乏的影响。而基于“功能驱动”原理的赋权法即客观赋权法，虽然通常利用比较完善的数学理论与方法，但忽视了决策者的主观信息，而此信息对于经济管理中的评价或决策问题来说，有时是非常重要的。那么，可否从逻辑上将这两大类赋权法有机地结合起来，使所确定的权重系数同时体现主观信息和客观信息。这就是综合集成赋权法的思想或本意。

基于上述分析，本书采用多层次、多目标模糊优选综合评价法来确定权重。多层次、多目标模糊优选综合评价方法具有以下特点：首先，由于该评价模型是建立在模糊一致矩阵基础上的综合评价方法，因此，适合于既含有定量指标又含有定性指标的多指标体系的综合评价；其次，该评价模型是在对评价对象测定其优、劣的广义权距离的基础上推导出来的，因此，能够实现对评价对象指标间的优、劣比较；再次，对于具有多层次的复杂评价系统，该模型通过建立系统迭代方程，不仅使各评价子系统有机结合，而且实现了对评价对象的动态性综合评价；最后，在确定权重时，采取了主客观综合评定法，这种方法综合了主观赋权法和客观赋权法的优点，使多指标综合评价中权数的确定更加合理。

如表4－1所示，本书构建了A～X四层的指标体系，其中，B层有四个（B1、B2、B3、B4），B1有三个C级层（C1、C2、C3），B2有六个C级层（C4、C5、C6、C7、C8、C9），B3有两个C级层（C10、C11），B4有三个C级层（C12、C13、C14）；C层又分为X层，共47个指标。

p代表第p年；q代表第q个指标；λ_{pq}指第p年q指标的评测值；x_{pq}指第p年第q个指标。

然后再运用熵值法计算各个指标的权重w_q，计算公式如下：

采用公式计算：

$$y_{pq} = x'_{pq} / \sum_{q}^{n} x'_{pq} \tag{4.7}$$

$$e_q = -k \sum_{p}^{n} y_{pq} \ln y_{pq} \quad k = 1/\ln m \tag{4.8}$$

$$d_q = 1 - e_q \tag{4.9}$$

$$w_q = \frac{d_q}{\sum_{q}^{m} d_q} \tag{4.10}$$

最后每项指标的权重w_q乘以λ_{pq}值，得出最后的综合得分M：

$$M = \sum_{q}^{n} w_q \lambda_{pq} \tag{4.11}$$

4.4 小结

本章在前一章的基础上，构建了由生活水平、宜居程度、发展潜力和城乡一体化四个维度，共 47 个基础指标组成的指标体系，本章所选择的基础指标均为各维度具有较高代表性和可比性的核心指标。这一体系从健康、就业、收入与消费、教育、文化、卫生、社会保障、基础设施、生活环境、人才、科技、经济社会均等化等方面反映了居民的生活质量。当然由于城镇化质量是一个高度复杂的问题，具有非常丰富的内涵，本章构建的城镇化质量指数力求能在总体上对内蒙古自治区城镇化质量的水平进行判断，当然不可避免地也会存在一些问题。

第5章 内蒙古自治区城镇化质量状态评价

城镇化质量是相对于城镇化数量而言的，但并不是数量之外的所有因素都属于城镇化质量的内容。前面内容从城镇化与城市发展的区别与联系入手，对城镇化质量的外延与内涵进行了清晰界定，并构建了测度城镇化质量指数，本章在此基础上，对内蒙古自治区及各地级市 2000 年以来的城镇化质量水平进行度量并做出评价。

5.1 内蒙古自治区概况

内蒙古自治区位于祖国北部边陲，呈东北—西南条带状，横跨“三北”，北界俄罗斯、蒙古国，东、南、西分别与我国的八个省区相接，国土面积 118.3 平方千米，占全国国土总面积的 1/8。设 3 个盟、9 个地级市。在内蒙古自治区，虽然人均耕地和人均草地都远高于全国平均水平，但由于地处干旱区，耕地和草地贫瘠，退化严重，农牧业经济发展受到很大限制；内蒙古自治区森林资源居全国第二位；全区矿产资源丰富，开发前景广阔，目前在世界已查明的140多种矿产中，内蒙古自治区内发现135种，其中67种矿产储量居全国前10位，28种居全国前3位，7种居全国之首。素有“东林西铁，遍地矿藏”的美称，被誉为“聚宝盆”，发展工业前景广阔，内蒙古自治区工业化和城镇化发展的历程也充分说明了这一点。

内蒙古自治区于1947年成立，是我国最早成立的少数民族自治区。70多年来，在党的民族区域自治政策指引下，经过全区各族人民的努力，全区经济社会发生了翻天覆地的变化。固定资产投资快速增长，消费品市场稳中趋旺，对外开放力度加大，消费物价保持稳定，全区经济社会发展进入了一个崭新的历史时期，工业化带动了城镇化，城镇化促进了工业化。

5.2 内蒙古自治区城镇化质量评价

本研究对内蒙古自治区城镇化质量的评价年份是2000~2015年，这是鉴于数据的可获性。本书范围仅限于内蒙古自治区地级市的市辖区，包含呼和浩特市、包头市、乌海市、赤峰市、通辽市、鄂尔多斯市、呼伦贝尔市（海拉尔区）、巴彦淖尔市和乌兰察布市。

在第4章确定的评价指标体系中，一些指标数据缺失，故对内蒙古自治区城镇化质量进行评价时，不含这些指标。具体内容如表5-1所示。

表 5－1 内蒙古自治区城镇化质量评价指标体系

目标层	准则层	子准则层	指标层
城镇化质量指数	生活水平	收入与消费	职工平均工资
			人均城乡居民储蓄年末余额
			人均社会消费品零售总额
	宜居程度	教育	万人在校高中生数
			万人在校大学生数
		文化	万人拥有剧场、影剧院
			百人公共图书馆藏书
			万人互联网
		卫生	万人医院、卫生院
			万人床位数
			万人医生数
		基础设施	人均道路面积
			使用天然气人口占比
			万人拥有公共汽车数
		生活环境	人均绿地面积
			建成区绿化覆盖率
			生活垃圾无害化处理率
			城镇生活污水处理率
			工业固体废物综合利用率
	发展潜力	人才潜力	教育支出占 GDP 比重
		技术潜力	科技支出占 GDP 比重

其中：X_1 为职工平均工资；

X_2 为人均城乡居民储蓄年末余额；

X_3 为人均社会消费品零售总额；

X_4 为万人在校普通中学生数；

X_5为万人在校大学生数；

X_6为万人拥有剧场、影剧院；

X_7为百人公共图书馆藏书；

X_8为万人互联网；

X_9为万人医院、卫生院；

X_{10}为万人床位数；

X_{11}为万人医生数；

X_{12}为人均城市道路面积；

X_{13}为使用天然气人口占比；

X_{14}为万人拥有公共汽车数；

X_{15}为人均绿地；

X_{16}为建成区绿化覆盖率；

X_{17}为生活垃圾无害化处理率；

X_{18}为城镇生活污水处理率；

X_{19}为工业固体废物综合利用率；

X_{20}为教育支出占 GDP 比重；

X_{21}为科技支出占 GDP 比重。

表 5－2 显示了 2000～2015 年内蒙古自治区城镇化质量各维度的基本状态。

运用多层次、多目标模糊优选综合评价法确定指标权重，如表 5－3 所示。

对内蒙古自治区 2000～2015 年城镇化质量进行综合评价，所得结果如表 5－4 所示。

表5-2 2000~2015年内蒙古自治区城镇化质量各维度基本状态

				2000年	2001年	2002年	2003年	2004年	2005年	2006年	2007年	2008年	2009年	2010年	2011年	2012年	2013年	2014年	2015年
城镇化质量	生活水平	收入与消费	X_1	25093.7192	30334.0852	33702.0869	36024.5709	38774.1613	41322.3076	43514.1593	45547.8453	49552.3386	54352.3908	54829.5557	57333.9314	64376.8324	61635.7808	59195.6992	57873.6667
			X_2	29250.7121	30202.3968	35942.8231	40408.5363	43366.0690	48907.3112	50108.5335	47638.2078	53620.2302	62260.4375	78776.2694	71941.7986	80775.8834	81114.9400	83407.8034	83881.0836
			X_3	14865.1221	16419.7306	18399.0905	16933.0411	19972.0383	30652.2251	32272.5360	33410.8511	37418.2402	41001.2101	43414.3807	46156.7662	49333.8588	49936.0011	50390.1515	49479.2940
	宜居程度	教育	X_4	642.3593	734.0561	743.5533	716.8309	782.5512	799.0092	790.0029	693.5890	1156.0288	1138.2170	1082.7829	1092.4080	1087.3371	1009.1021	938.2095	983.0383
			X_5	82.9424	154.2523	192.7134	229.6081	313.0390	354.2994	377.3546	409.4858	405.7219	471.7900	481.9776	437.9410	432.2274	383.2678	446.5435	469.9766
		文化	X_6	0.0394	0.0477	0.0576	0.0550	0.0633	0.0624	0.0563	0.0559	0.0694	0.0657	0.0368	0.0734	0.0715	0.1041	0.1095	0.1095
			X_7	41.3120	51.5467	61.7814	56.3611	79.2366	83.5067	90.3667	96.8200	98.7322	96.2344	96.3514	99.1378	102.9100	109.8311	80.9700	96.7144
			X_8	428.8400	437.6638	843.3933	1517.6380	1562.8551	1865.3657	2491.7001	2722.8476	2995.2001	4021.1466	4396.2234	5096.1949	5096.1949	4648.7363	5007.6651	5372.6221
		卫生	X_9	1.0589	1.2740	1.6719	1.6697	1.5234	1.4764	1.6701	1.5156	1.5774	1.1307	1.0969	1.2459	1.2631	1.3127	1.2913	1.3890
			X_{10}	41.9997	45.6825	52.2732	47.1173	48.7271	53.5681	59.0038	53.9952	64.6373	69.4677	70.9586	70.1731	81.6627	86.1111	85.4382	93.8338
			X_{11}	34.3426	32.6380	38.9596	32.0145	31.6617	31.7416	35.0127	38.2189	42.6103	38.1454	43.0461	44.9085	43.1488	44.9075	49.3217	51.7482
		基础设施	X_{12}	4.2832	5.5886	6.2300	7.5144	8.7778	8.8811	9.6400	14.3256	15.7178	16.8689	20.4133	18.6722	19.7878	27.0456	29.5667	30.4822
			X_{13}	0.2656	0.2656	0.2656	0.2656	0.3878	0.3289	0.4112	0.4598	0.5344	0.4787	0.5850	0.5931	0.5722	0.6716	0.7040	0.7394
			X_{14}	3.6975	3.6628	5.0729	4.0967	4.8889	4.8622	5.4711	7.1211	8.0678	6.9978	7.6600	7.8133	8.0567	10.2433	9.9378	11.0144
		生活环境	X_{15}	18.5641	18.5641	18.9423	19.1456	21.5300	24.4589	26.6278	32.9867	35.4611	51.5167	60.9408	70.0291	70.0291	82.8366	87.3045	96.1864
			X_{16}	25.1200	21.7458	26.6864	25.9533	25.6456	25.8889	26.6178	27.4378	28.5422	31.0167	37.4667	39.2611	40.0300	35.8211	41.4444	35.9967
			X_{17}	60.7143	60.7143	60.7143	60.1111	60.4444	61.2644	62.6911	62.5133	61.5178	63.8456	72.6222	81.1322	89.4856	90.1167	93.8222	95.9400
			X_{18}	42.5000	42.5000	42.5000	40.2500	58.3333	63.3244	64.0100	56.7278	59.6744	64.8800	78.1822	84.9267	81.5178	86.8967	91.6200	93.5378
			X_{19}	36.7778	36.7778	36.7778	36.7778	36.5556	40.4800	43.1722	48.1133	58.2822	63.4300	65.3944	60.5467	53.2144	52.3622	52.8544	53.9722
	发展潜力	人才潜力	X_{20}	0.0133	0.0127	0.0068	0.0134	0.0117	0.0111	0.0118	0.0160	0.0158	0.0153	0.0166	0.0152	0.0156	0.0170	0.0160	0.0197
		技术潜力	X_{21}	0.0005	0.0006	0.0003	0.0001	0.0001	0.0001	0.0001	0.0008	0.0009	0.0008	0.0009	0.0014	0.0008	0.0013	0.0010	0.0011

数据来源：如无特殊说明，本研究所有数据皆源于《中国城市统计年鉴》(2001~2016)、《中国统计年鉴》(2001~2016)、部分省市统计年鉴、部分城市国民经济与社会发展统计公报等，或根据上述年鉴、公报整理、计算得来。下同。

表5-3 城镇化质量评价指标体系权重

目标层	准则层	权重	子准则层	权重
城镇化质量指数	生活水平	0.3275	收入	0.5652
			消费	0.4348
	宜居程度	0.4126	教育状况	0.3484
			文化环境	0.1190
			医疗条件	0.1975
			基础设施	0.1598
			生活环境	0.1754
	发展潜力	0.2599	人才潜力	0.6000
			技术潜力	0.4000

表5-4 2000~2015年内蒙古自治区城镇化质量测度结果

年份	生活水平	宜居程度	发展潜力	城镇化质量指数
2000	0.0000	0.0302	0.1087	0.1389
2001	0.0341	0.1126	0.1141	0.2609
2002	0.0774	0.2688	0.0206	0.3668
2003	0.0976	0.2268	0.0831	0.4075
2004	0.1328	0.3324	0.0617	0.5269
2005	0.2064	0.3727	0.0531	0.6322
2006	0.2272	0.4672	0.0601	0.7545
2007	0.2330	0.4875	0.1708	0.8914
2008	0.2882	0.7277	0.1752	1.1912
2009	0.3545	0.7168	0.1607	1.2321
2010	0.4224	0.8099	0.1883	1.4206
2011	0.4220	0.8839	0.2056	1.5115
2012	0.4978	0.8938	0.1642	1.5558
2013	0.4885	0.9522	0.2230	1.6636
2014	0.4866	1.0037	0.1839	1.6742
2015	0.4783	1.0905	0.2416	1.8104

从表5-4中可以看出，自2000年以来，内蒙古自治区城镇化质

量基本上呈现出持续上升的态势，城镇化质量指数由最初2000年的0.1389上升到16年之后2015年的1.8104。以2003年为分界点，之前上升速度相对2003年后慢一些，尤其是2005年后至2015年一直处于较快提高的过程之中。如图5-1所示，城镇化质量指数在不同时段具体的变化趋势与宜居程度方面指数的变动趋势基本保持一致，2003年宜居程度方面指数有所下降，城镇化质量指数也下降；2005年后宜居程度方面指数上升较快，城镇化质量指数上升较快。宜居程度指数的变动趋势与城镇化质量基本一致，说明了随着城市更加宜居，城镇化质量也随之改变，但这并不意味着内蒙古自治区已经处于宜居的状态，只要它相对于原有的基础水平取得了进步，体现在质量指数上就是其综合评价值的增加。

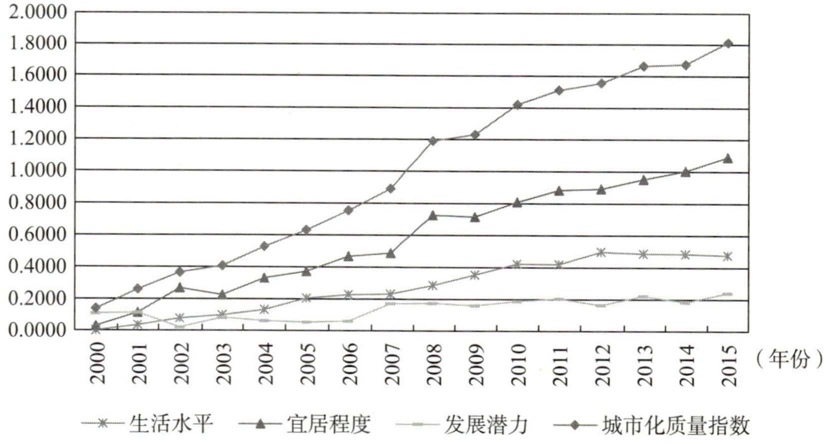

图5-1　2000~2015年内蒙古自治区城镇化质量指数及各维度得分

另外，2003年后居民生活水平方面指数较之前上升速度加快，对城镇化质量的贡献有所增加，但从图5-1中看是城镇化质量指数和生活水平方面指数的距离加大，因为宜居程度对城镇化质量的贡献更大，而这一维度贡献大的原因之一是指标选取，宜居维度中的指标数多于其他两个维度，具体内容在之后章节详细分析。发展潜力选取了教育投入和科技投入占 GDP 比重来表示，从图 5－1 中可以清楚地看到，从 2000 年到 2015 年这 16 年变化很小，也就是说教育投入和科技投入总量增加了，但占 GDP 比重变化不大，即教育投入和科技投入的增加没有 GDP 增加得快。

5.3 内蒙古自治区城镇化质量区域差异比较

在之前分析的基础上，本节将面对不同区域城镇化质量进行测度。需要进行说明的是：其一，城镇化质量不是一个简单的因素，而是一系列问题的综合反映，正因如此，用数量指标来对城镇化质量问题进行分析与度量是一个极端复杂的问题，它涉及了城镇化的方方面面，则城镇化质量指数必须是由多方面、多个指标所构成的一个指标体系，而且这一体系不可能“穷尽”、涵盖城镇化质量所涉及的各个方面，反映城镇化质量的全部内容，我们所获得的城镇化质量指数只反映了城镇化质量的主要内容，只能对各地区城镇化质量水平进行一个基本的判断。其二，本书所构建的城镇化质量指数表示的是各城市城镇化质量的相对水平，可以进行各城市城镇化质量的横向比较和排序。

5.3.1 西部各省（市、自治区）城镇化质量差异

本部分采用上一节构建的城镇化质量评价指标体系，对西部地区的各省（市、自治区）城镇化质量进行评价，结果如表 5－5 所示。

表5-5 2000~2015年西部各省（市、自治区）城镇化质量指数及排名

年份		内蒙古自治区	广西壮族自治区	重庆市	四川省	贵州省	云南省	陕西省	甘肃省	青海省	宁夏回族自治区	新疆维吾尔自治区
2000	指数	0.580	0.627	1.187	0.526	0.507	0.544	0.624	0.550	0.872	0.981	1.352
	排名	7	5	2	10	11	9	6	8	4	3	1
2001	指数	0.744	0.725	1.172	0.566	0.600	0.482	0.728	0.420	1.116	1.027	1.404
	排名	5	7	2	9	8	10	6	11	3	4	1
2002	指数	0.846	0.672	1.397	0.360	0.474	0.494	0.481	0.663	0.864	0.924	1.417
	排名	5	6	2	11	10	8	9	7	4	3	1
2003	指数	0.683	0.626	1.158	0.418	0.591	0.532	0.586	0.694	1.007	0.870	1.303
	排名	6	7	2	11	8	10	9	5	3	4	1
2004	指数	0.745	0.541	1.403	0.380	0.527	0.571	0.559	0.663	0.666	0.861	1.235
	排名	4	9	1	11	10	7	8	6	5	3	2
2005	指数	0.867	0.534	1.485	0.407	0.663	0.599	0.491	0.601	0.757	0.791	1.291
	排名	3	9	1	11	6	8	10	7	5	4	2
2006	指数	1.050	0.552	1.228	0.436	0.614	0.635	0.594	0.869	0.858	0.927	1.211
	排名	3	10	1	11	8	7	9	5	6	4	2
2007	指数	0.969	0.453	1.338	0.323	0.525	0.543	0.543	0.565	0.928	1.007	1.256
	排名	4	10	1	11	9	8	7	6	5	3	2

续表

年份		内蒙古自治区	广西壮族自治区	重庆市	四川省	贵州省	云南省	陕西省	甘肃省	青海省	宁夏回族自治区	新疆维吾尔自治区
2008	指数	1.116	0.452	1.561	0.432	0.597	0.585	0.568	0.621	0.739	1.026	1.374
	排名	3	10	1	11	7	8	9	6	5	4	2
2009	指数	1.116	0.431	1.558	0.442	0.596	0.711	0.529	0.553	0.689	1.054	1.348
	排名	3	11	1	10	7	5	9	8	6	4	2
2010	指数	1.156	0.342	1.541	0.426	0.592	0.516	0.586	0.463	1.011	1.048	1.379
	排名	3	11	1	10	6	8	7	9	5	4	2
2011	指数	1.132	0.417	1.428	0.520	0.552	0.634	0.646	0.463	0.968	0.925	1.263
	排名	3	11	1	9	8	7	6	10	4	5	2
2012	指数	1.086	0.488	1.259	0.514	0.587	0.572	0.727	0.440	1.296	0.795	1.279
	排名	4	10	3	9	7	8	6	11	1	5	2
2013	指数	1.221	0.602	1.576	0.676	0.910	0.692	0.707	0.443	0.686	0.984	1.407
	排名	3	10	1	9	5	7	6	11	8	4	2
2014	指数	1.090	0.540	1.390	0.545	0.985	0.608	0.691	0.463	1.054	0.981	1.208
	排名	3	10	1	9	5	8	7	11	4	6	2
2015	指数	1.011	0.496	1.343	0.769	0.941	0.670	0.757	0.463	1.079	0.942	1.367
	排名	4	10	2	7	6	9	8	11	3	5	1

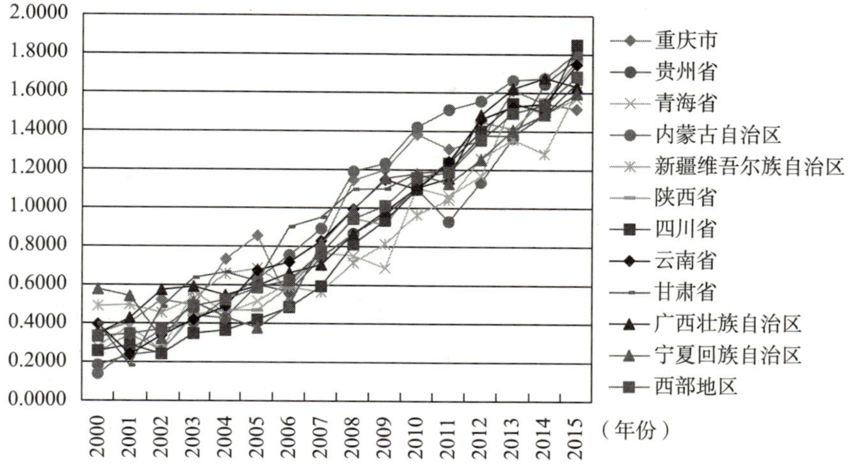

图5－2 2000～2015年西部各省（市、自治区）城镇化质量指数变化趋势

从图5－2中我们可以看出，2000～2015年西部各省（市、自治区）城镇化质量指数均处于上升态势，但各省（市、自治区）城镇化质量指数上升的幅度和速度不同。2015年比2000年，西部地区总体城镇化质量指数由0.2120上升到1.8770，增加了5.15倍，年均增长速度为0.32；较2000年城镇化质量指数增加幅度最大的三个省份（自治区）分别为内蒙古自治区、贵州省和四川省，分别增加了13.04倍、9.70倍和7.20倍，年均增长分别为0.81、0.61和0.45；增加幅度最小的省份（自治区）分别为甘肃省、新疆维吾尔自治区以及宁夏回族自治区，分别增加了4.14倍、3.28倍以及2.77倍，年均增长速度分别为0.26、0.20以及0.17；其中内蒙古自治区、贵州省、四川省、青海省和陕西省的城镇化质量指数增加幅度高于西部地区平均增加幅度，而其余各省（市、自治区）增加幅度低于西部地区平均水平。内蒙古自治区城镇化质量指数增加幅度与年均增长速度均居于首位，与增加最慢的宁夏回族自治区相比，两者增加幅度相差10.27倍，年均增长速度相差0.64。

图 5 -2 显示了 2000 年以来西部各省（市、自治区）城镇化质量的变化情况，说明的是它们自身的变化，没能反映省份之间的状况，表 5 -5 反映了 11 个省（市、自治区）之间自 2000 年以来城镇化质量的高低。

表 5 -5 中最后一行括号里的数字说明的问题是该省（市、自治区）城镇化质量 2015 年比 2000 年排名前进或后退的位数，如“+5”说明该省（市、自治区）的城镇化质量 2015 年比 2000 年前进了 5 名。这样可以看出有 4 个省（市、自治区）的城镇化质量排名较 2000 年前进了，分别是内蒙古自治区、四川省、青海省和贵州省，有 4 个省（市、自治区）的城镇化质量排名较 2000 年后退了，分别是广西壮族自治区、陕西省、甘肃省和宁夏回族自治区，有 3 个省（市、自治区）的城镇化质量排名较 2000 年没有变化，分别是重庆市、云南省和新疆维吾尔自治区。这个结果说明自西部大开发以来西部各省（市、自治区）的城镇化质量的提升速度是不一样的，而且差距较大。结合图 5 -2 可以看出，新疆维吾尔自治区城镇化质量指数增加幅度和增长速度均低于西部地区平均水平，但其城镇化质量排名仍然位居前列，可能说明的问题是新疆维吾尔自治区城镇化质量一直处于较高水平。而陕西省的城镇化质量指数增加幅度和增长速度均高于西部地区平均水平，但其城镇化质量排名后退了 2 名，因为之前排名在陕西省后面的内蒙古自治区、四川省和贵州省自 2000 年以来城镇化质量指数上升速度和幅度远远大于西部地区平均水平，也快于陕西省，而之前排名在陕西省之前的只有广西壮族自治区城镇化质量上升慢了导致排名后退，所以尽管陕西省城镇化质量的提升速度快于西部地区平均水平，但慢于内蒙古自治区、四川省和贵州省，所以城镇化质量排名后退。

结合图 5 -2 和表 5 -5，可以看出西部各省（市、自治区）的城镇化质量一直在提升，但是提升速度相差较大，同时城镇化质量最高和最低的差距有所扩大，不过城镇化质量指数的标准差在波动中缩小，说明西部地区各省（市、自治区）的城镇化质量的差距在缩小。

5.3.2 内蒙古自治区城镇化质量空间差异

本部分继续采用之前评价指标体系对内蒙古自治区各地级市城镇化质量进行评价，结果如表 5 -6 所示。

表 5 -6 2000 ~2015 年内蒙古自治区各地级市城镇化质量测度结果

年份	呼和浩特市	包头市	乌海市	赤峰市	通辽市	鄂尔多斯	呼伦贝尔	巴彦淖尔	乌兰察布	内蒙古自治区
2000	0. 4067	0. 4049	0. 3297	0. 2827	0. 2983	0. 3212	0. 2552	0. 2374	0. 2501	0. 1389
2001	0. 4493	0. 4510	0. 3508	0. 2985	0. 2902	0. 4006	0. 3667	0. 2480	0. 2596	0. 2609
2002	0. 4363	0. 4387	0. 4094	0. 2754	0. 2727	0. 3629	0. 3655	0. 3220	0. 3554	0. 3668
2003	0. 5397	0. 3930	0. 4127	0. 3680	0. 3106	0. 3749	0. 4331	0. 2506	0. 3413	0. 4075
2004	0. 6005	0. 5594	0. 3817	0. 3623	0. 2922	0. 4568	0. 4920	0. 2290	0. 4669	0. 5269
2005	0. 6814	0. 6267	0. 4139	0. 3840	0. 2292	0. 5875	0. 5117	0. 2787	0. 4634	0. 6322
2006	0. 7028	0. 6534	0. 5318	0. 4188	0. 2396	0. 6267	0. 5092	0. 3061	0. 4932	0. 7545
2007	0. 7693	0. 7465	0. 4989	0. 5332	0. 2647	0. 7432	0. 4949	0. 3349	0. 4956	0. 8914
2008	0. 9597	0. 8113	0. 5702	0. 5908	0. 3323	0. 8684	0. 5860	0. 3951	0. 6439	1. 1912
2009	1. 0404	0. 8324	0. 6485	0. 5550	0. 4505	0. 9698	0. 5566	0. 3684	0. 6162	1. 2321
2010	1. 0302	0. 8540	0. 6992	0. 5759	0. 4033	1. 2388	0. 6594	0. 4956	0. 6093	1. 4206
2011	1. 0687	0. 8400	0. 6963	0. 5891	0. 4660	1. 1983	0. 7566	0. 4977	0. 7186	1. 5115
2012	1. 0399	0. 8374	0. 6918	0. 6017	0. 5040	1. 3498	0. 7613	0. 5169	0. 7187	1. 5558
2013	0. 8981	0. 8403	0. 7687	0. 6241	0. 5320	1. 4658	0. 7068	0. 6402	0. 7961	1. 6636
2014	0. 9585	0. 8712	0. 7373	0. 6464	0. 5430	1. 3278	0. 7660	0. 6012	0. 7873	1. 6742
2015	1. 0228	0. 8263	0. 8619	0. 6446	0. 6135	1. 3967	0. 7551	0. 6404	0. 8440	1. 8104

从表 5 -6 可以看出，自 2000 年以来内蒙古自治区各市城镇化质量不尽相同。城镇化质量提升最快的是矿产资源最为丰富的鄂尔多斯

市，城镇化质量指数由2000年的0.3212上升到2015年的1.3967；城镇化质量提升最慢的是通辽市，城镇化质量指数由2000年的0.2983上升到2015年的0.6135，城镇化质量指数仅增加了0.3151。从图5－3中可以看出，内蒙古自治区各地级市城镇化质量指数变化的情况。

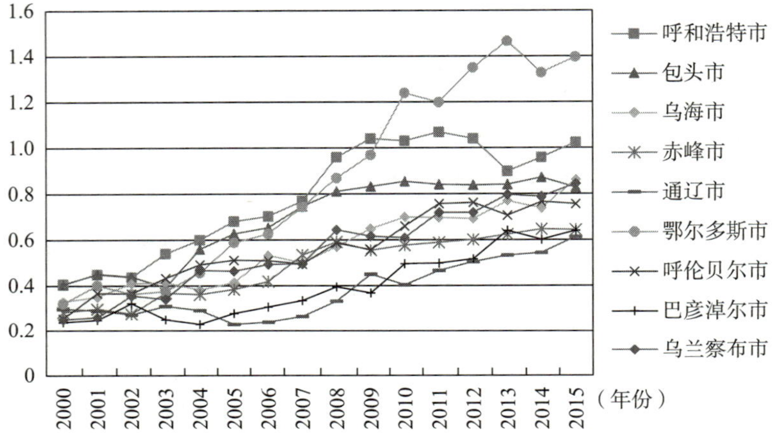

图5－3　2000～2015年内蒙古自治区各地级市城镇化质量测度结果

从图5－3中可以看出，2000～2015年内蒙古自治区各地级市城镇化质量呈现如下特征：

第一，城镇化质量差距扩大。2000年时，各市城镇化质量指数相差并不大，最高的呼和浩特市的城镇化质量指数为0.4067，最低的巴彦淖尔市的城镇化质量指数为0.2374，相差约1.7倍；2015年，最高的鄂尔多斯市的城镇化质量指数为1.3967，最低的通辽市的城镇化质量指数为0.6135，相差2倍多，差距在扩大。

第二，城镇化质量存在明显的空间差异。在地理空间上，内蒙古城镇化质量呈现明显的中部突起两端塌陷的特征。城镇化质量位列前三位的均为内蒙古中部鄂尔多斯市、呼和浩特市和包头市，而内蒙古西部的巴彦淖尔市、东部区的呼伦贝尔市、通辽市和赤峰市的城镇化质量位列后四位。

5.4　小结

本章在前面章节基础上，对内蒙古自治区及内蒙古自治区各地级市 2000 年以来的城镇化质量进行了测度并进行了比较。一方面将西部省（市、自治区）（因西藏自治区数据缺失所以评价过程不含西藏自治区）城镇化质量进行测度，结果发现：新疆维吾尔自治区、青海省、内蒙古自治区和宁夏回族自治区城镇化质量位列前端；重庆市城镇化质量排名垫底，主要原因是本研究测度的是市辖区，而重庆市的市辖区范围不断扩大，在测度过程中有不少的市辖区均是由“县”变为“区”不久，这对测度结果影响非常大。如果只测度重庆市的核心区及拓展区共九区，那么测度结果会排在第一位、第二位；四川省、贵州省和陕西省城镇化质量排序稳步提升；广西壮族自治区、甘肃省和云南省城镇化质量水平排序回落。另一方面对内蒙古自治区各地级市城镇化质量进行了测度发现：各市城镇化质量差距在扩大；城镇化质量存在着明显的空间差异，呈现出中部突起两端塌陷的特征；而且内蒙古自治区各地级市城镇化质量的差距大于西部省（市、自治区）城镇化质量的差距。

第❻章 内蒙古自治区城镇化质量影响因素分析

从我们考察城镇化质量的三个维度来看，宜居程度对城镇化质量的贡献最大，并且变动的趋势基本和城镇化质量一致，是推进城镇化质量进程的主要因素；生活水平一直缓慢、稳定地增长；只有发展潜力变化很小。这很符合内蒙古自治区的实际情况，自2000年西部大开发实施以来，国家着力提高西部的基础设施水平、加大生态环境和科技教育方面的投入，带动了内蒙古自治区经济的发展，也使内蒙古自治区的城镇化质量不断提高；由于内蒙古地区受历史、自然和区位等诸多因素的影响，总体发展水平与其他地区相比，仍存在较大的差距。虽然自西部大开发以来，已经在基础设施上加大了投入，但公共服务依旧短缺，并未达到与经济发展水平相匹配的程度，各市居民对公共服务仍存在着不满。综合来看，内蒙古自治区经济不断地发展，为其他方面提供了保障，不尽如人意之处也正在改善。因此，对影响内蒙古自治区城镇化质量因素的分析主要从生活水平、宜居程度和发展潜力三个维度展开。

6.1 生活水平与城镇化质量的理论阐释及实践表现

生活水平是从城镇化的过程上来反映城镇化质量的，它的变化不仅会影响城镇化的数量，同时也影响城镇化质量。具体来看，我们衡量生活方式的具体指标包括职工平均工资、城乡居民储蓄年末余额和人均社会消费品零售总额。如前所述，不同学者对不同地区城市城镇居民收入和消费结构的研究，从不同角度说明了一个共同的问题，即随着收入的增加，人们的需求层次会提高。而这些需求的满足会提高生活的质量。在最基本的层次上，收入必须能够满足食物、住所以及衣物等的需求，但在更高层次上，收入是实现个人自尊、声望、地位以及自我实现的工具。可以看出，收入对提高城镇化质量的重要性，而收入的提高有赖于就业的充足。即同等条件下，收入增加，城乡居民储蓄年末余额和人均社会消费品零售总额也会随之增加，城镇化质量进一步就会提高。我们进一步需要研究的问题是生活水平如何提高，从现在评价指标来看，生活水平的提高有赖于收入的提高。

6.1.1 生活水平与城镇化质量的理论阐释

分析城镇化质量的影响因素，必然不能缺少对影响城镇化进程因素的分析，因为如果没有城镇化那么城镇化质量就无从谈起。而通过前面内容的分析，我们知道城镇化与劳动分工之间存在自我循环演进的关系，简单地表示为劳动分工→聚集经济效益→城镇化。如前所述，城镇化其实是自发演进的过程，是由分工的不断深化和聚集来推动其不断前进的过程。我们用产业结构来表示分工和用 GDP 表示聚集。

第一，收入受制于宏观经济状况的影响。改革开放以来，中国经济、社会、科技等领域发生了令人瞩目的变化，综合实力大大增强。衡量这些变化的综合性经济指标——国内生产总值（GDP）保持了较快的增长速度，但同时也出现了区域的不平衡性。2016 年，东部地区以仅占全国 9.5% 的面积，承载了全国 38% 的人口，创造了全国 52.58% 的 GDP，而西部地区的面积占全国的近 2/3，人口只有不到 1/3，GDP 仅为 20.1%，仅为全国的 1/5。当然西部地区自然条件相对恶劣，所以 GDP 总量不一定能完全反映区域经济的真实情况，我们再用人均 GDP 来做比较。2016 年，东部、中部、西部和东北地区的人均 GDP 分别为 77465.29 元、43761.9 元、41916.97 元和 48038.3 元，可以看出西部地区依然最低。无论是经济总量还是人均量，都表现出从东向西的递减趋势。这也与中国目前的城镇化进程完全一致，同样是由东向西递减。

第二，产业结构。在国民经济现代化的过程中，一方面人均国民生产总值提高导致人们的消费需求构成发生变化，促使生产结构和经济结构产生相应的变化；另一方面生产技术的发展也推动生产结构和经济结构不断变动。钱纳里等把产业结构的转变过程划分为初级产品生产、工业化及发达经济三个阶段，其中第二个阶段是结构转变幅度最大的时期，工业化过程推动国内需求结构、生产结构和外贸结构迅速变动，结构变动进一步引起城镇化水平不断提高。库兹涅茨（1989）把经济增长、经济结构变化和城镇化连在一起，指出："各国经济增长……常伴随着人口增长和结构的巨大变化。在当今时代，产业结构发生以下显著的变化：产品的来源和资源的去处从农业活动转向非农业生产活动，即工业化过程；城市和乡村之间的人口分布发生了变化，即城镇化过程。"

李清娟（2003）指出，产业演进决定了城市自我发展能力，构成城市体系形成与发展的基础，使城市经济在生产要素的配置和技术创新等方面具有乡村不能与之比拟的优越性，也使城市成为产业演进的主要载体。纵观西方发达国家的经济发展历史，产业结构演化与城市区位布局经历了三个不同阶段：①前工业化时期，这一时期国民经济主要以农业为主，从而城市的性质主要是因政治、宗教、军事、贸易等因素所决定的消费性城市，集聚规模主要取决于农村剩余的多少。②工业化时期，工业成为经济发展的支柱产业，城市成为生产中心，因而工业的生产与规模及其布局决定了城市的规模与结构。③进入后工业化时期，服务业成为经济发展的主要力量，许多城市逐步转化为服务中心。

表 6－1　城市化与产业演进对应关系

产业发展基本阶段	初始发展期	加速发展期	发展成熟期
主要经济特征	专业化	专业化＋集中化	专业＋集中＋综合化
主要空间特征	中小城镇	大城市、特大城市	城市区域
经济联系程度	较紧密	紧密	很紧密
货运形式的商品率	快速上升	缓慢上升	开始下降
货运形式的自给率	迅速下降	缓慢下降	开始回升

资料来源：转引自李清娟．产业发展与城市化［M］．上海：复旦大学出版社，2003：21－33.

城镇化与产业发展之间的关系呈现以下几个特点（李清娟，2003）：第一，城镇化始终与产业发展同步。在经济发展的初期，农业的进步与农业劳动生产率的提高是城镇化的推动力。农业不仅提供城市生产、生活所必需的农副产品，而且还提供城市发展所需要的劳动力。第二，随着经济的发展，对城镇化起决定作用的是工业化。工业化产生了现代的产业形式，给城市带来引力作用和乡村推力。工业化带来农业革命，改变了传统落后的农业生产方式，提高农业劳动生产率，使农业劳动人数下降，为城市工业和服务的发展准备了劳动力来源。第三，随着工业化的实现，第三产业迅速发展，对城镇化产生重大影响。工业化后期工业发展在城镇化中的优势有所减弱，但包括生产性服务、科学管理、信息流通等在内的现代服务业推动城镇化的步伐不但没有减慢，反而大大加快。

总体来看，城镇化水平的不断提升与产业结构的高级化相伴而行。国别数据显示，城镇化水平与第一产业呈负相关，而与第二产业、第三产业呈正相关；从同一国家不同经济发展阶段来看，对城镇化水平与经济结构变化的指标进行相关性分析，上述规律表现得更为明显和确定。

一个国家的产业结构高级化表现为从三次产业产值结构上看，按照所占比例大小排序，三次产业结构一般具有从“一、二、三”到“二、一、三”，再到“二、三、一”，最终到“三、二、一”的结构演进。目前，东部地区部分城市的产业结构已经进入高级阶段，而其他区域的绝大多数城市还需大力发展第二产业，才能带动第三产业的健康发展。也就是说，当前中国的产业结构的高级化基本表现出从东向西的递减趋势，这与中国城镇化进程完全一致，也是由东向西递减。

这里我们分析了经济因素对城镇化的影响，实际上是间接分析了收入水平的影响因素，进而分析了城镇化质量的影响因素，因为城镇化进程不能顺利进行，那么城镇化质量也就无从谈起。正如前面分析，即便是经济状况类似的城市其城镇化质量未必相近，而经济状况差距较大的城市其城镇化质量也未必不同。也就是说，经济因素只是影响城镇化质量的因素之一。之前，我们界定了城镇化质量的内涵，即城镇化质量即生活质量。无论我们研究城镇化还是产业结构，都是为人服务的，即要为提高人的生活质量服务。随着产业结构变迁、经济增长、人们收入的提高，人们的需求层次不断提高，在这一过程中人的生活质量不断提高。

6.1.2 生活水平与城镇化质量关系的实践表现

因为数据可获性的限制，这一维度我们选取了衡量“收入与消费”的“职工平均工资”“人均城乡居民储蓄年末余额”和“人均社会消费品零售总额”三个指标来评价生活水平（见专栏6－1）。

专栏6－1

多地区居民收入和消费水平有所提高

内蒙古自治区在“十二五”时期人均可支配收入有了飞跃式增加，人们可支配收入较“十一五”时期翻了一番。2016年内蒙古自治区的地区生产总值为18128.1亿元，人均可支配收入为24126.6元，相比2013年，地区生产总值增加了7.697%，而人均可支配收入增加了29.06%，可见人均可支配收入的增长速度远远高于GDP，因此人们的生活水平显著上升。据统计，新疆维吾尔自治区2014年居民人均可支配收入也连续4年有了大幅增长，而当年新疆维吾尔自治区物价的涨幅也仅为2.1%，这使居民的可支配收入又有了进一步的提高。西藏自治区在“十三五”期间人们的收入达到比2010年翻一番的重大成效。①

收入是决定消费的重要因素。2016 年四川省城镇居民可支配收入和农村居民的可支配收入分别增长了 40.35%、50.78%，城镇与农村的消费性支出分别增长了 8.24%、17.39%。[②]随着收入的增长，人们可支配性消费也呈上升趋势。其余西部城市也表现出类似情况，收入和消费的显著提高从而使人们生活水平不断提高。

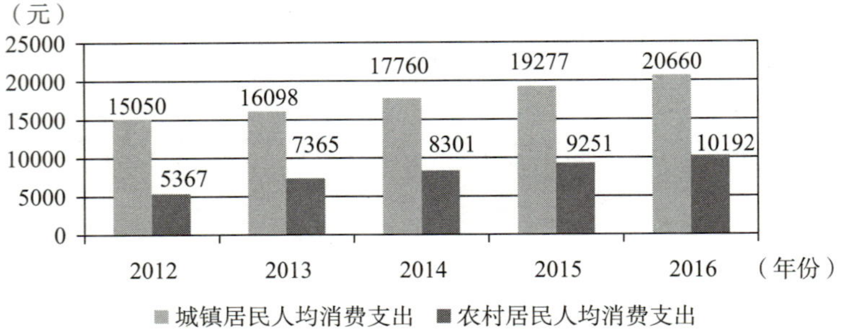

2012 ~ 2016 年四川省居民人均消费支出

资料来源：①杨东．水到渠成新疆农民收入连续四年大幅提高［N/OL］．中国新闻网，2015 - 02 - 26. http：//finance. ifeng. com/a/20150226/13516581_ 0. shtml.

②2012 - 2016 年四川省居民收入、消费水平情况［N/OL］．中国报告网，2017 - 11 - 30. http：//data. chinabaogao. com/hgshj/2017/11303043a2017. html.

从图 6 - 1、图 6 - 2 和图 6 - 3 可以看出如下特征：第一，差距在扩大。无论是“职工平均工资”“人均城乡居民储蓄年末余额”，还是“人均社会消费品零售总额”，2015 年的差距远大于 2000 年的差距，并且几乎都是从 2003 年差距开始扩大。第二，前后位次变动不大。排在前面的多是鄂尔多斯市、呼和浩特市和包头市；排在后面的多是通辽市、赤峰市和巴彦淖尔市。其中，鄂尔多斯市全部排在第一。这两个特征促成了这些城市城镇化质量的变动规律。

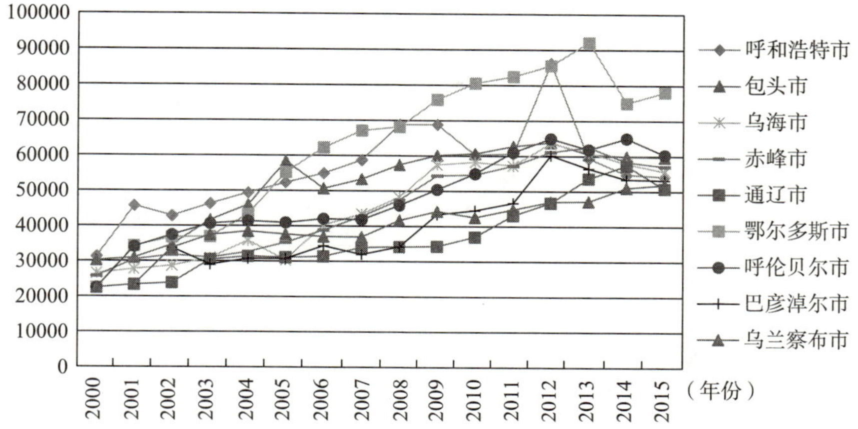

图 6-1　2000~2015 年内蒙古自治区地级市职工平均工资变动趋势

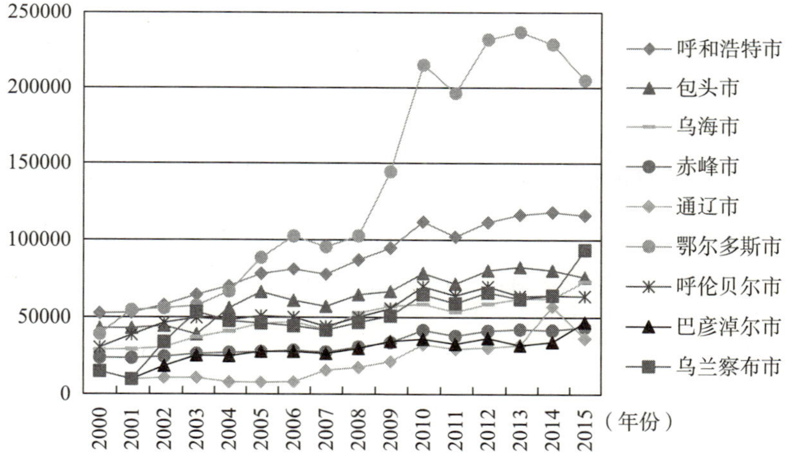

图 6-2　2000~2015 年内蒙古自治区地级市人均城乡居民储蓄年末余额变动趋势

16 年来鄂尔多斯市职工工资涨幅最大，2015 年是 2000 年的 3.48 倍，其次是呼伦贝尔市、巴彦淖尔市和乌兰察布市，分别涨了 2.69 倍、2.37 倍、2.31 倍；涨幅最低的是呼和浩特市，16 年仅涨了 1.73 倍，正好是鄂尔多斯的一半，其次是包头市涨了 1.98 倍。

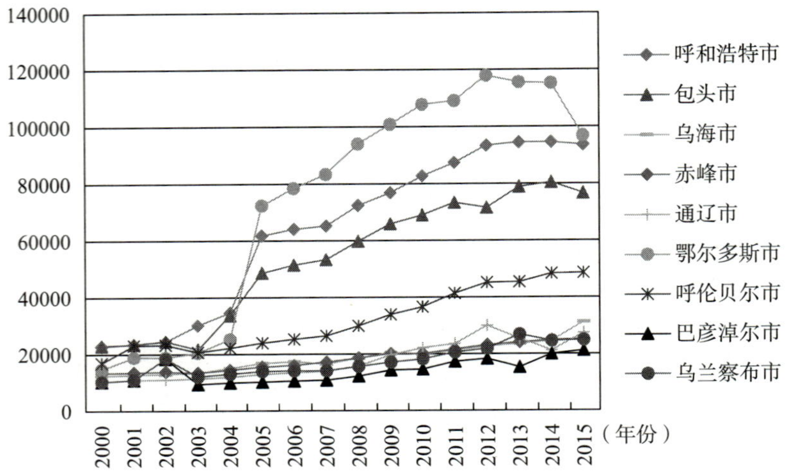

图6-3　2000~2015年内蒙古自治区地级市人均社会消费品零售总额变动趋势

人均城乡居民储蓄年末余额和人均社会消费品零售总额变动趋势和职工工资基本一样，但是各市间差距大于职工工资的差距。

为了更充分地说明生活水平对城镇化质量的影响，本书制定了调查问卷（附录）对内蒙古自治区9个地级市进行了调查，有效问卷为1136份。在发放问卷过程中，为了使结果具有可比性，所以9个地级市的发放群体大体相近。

收入是保证居民生活水平提高的重要因素，除使用年鉴上职工工资的数据外，我们又补充了居民的收入，较职工工资范围更大。通过对内蒙古自治区各市居民的调查，如图6-4所示各市居民目前月收入情况。各市居民月收入为2500~5000元的所占比重最多，只有通辽市居民收入为1000~2500元的所占比重最多，这是导致通辽市城镇化质量相较于其他城市差的原因之一；同时，通辽市居民收入在5000~8500元的所占比重较多，如果样本没有问题，那有可能是通辽市居民收入差距大。除了通辽市，居民收入在5000~8500元所占比重较多的城市还有呼和浩特市、鄂尔多斯市、乌兰察布市和包头市，这和城镇化质量排名相吻合。

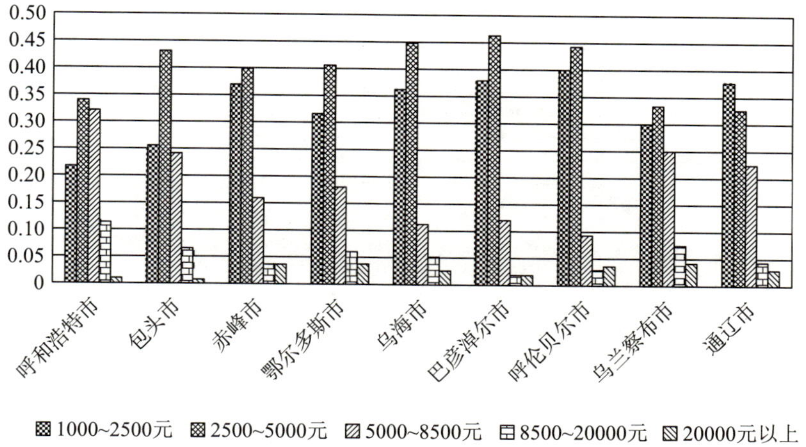

图6－4　内蒙古自治区各市居民收入情况

恩格尔系数是衡量一个家庭或一个国家富裕程度的主要标准之一。恩格尔定律主要表述的是食品支出占总消费支出的比例随收入变化而变化的一定趋势。揭示了居民收入和食品支出之间的相关关系，用食品支出占消费总支出的比例来说明经济发展、收入增加对生活消费的影响程度。众所周知，吃是人类生存的第一需要，在收入水平较低时，其在消费支出中必然占有重要地位。随着收入的增加，在食物需求基本满足的情况下，消费的重心才会开始向穿、用等其他方面转移。因此，恩格尔系数越大，一个国家或家庭生活越贫困；反之，恩格尔系数越小，生活越富裕。在调查各市居民收入的同时，我们也调查了居民用于“吃”的费用，如图6－5所示，从居民每个月用在食物上的支出可以看出，支出在3000元以下的占多数，如果不考虑乌海市和通辽市，其他各市用于食物支出的比重相差不大，所以收入高的城市恩格尔系数低，生活水平更高，如呼和浩特市、鄂尔多斯市、乌兰察布市和包头市。

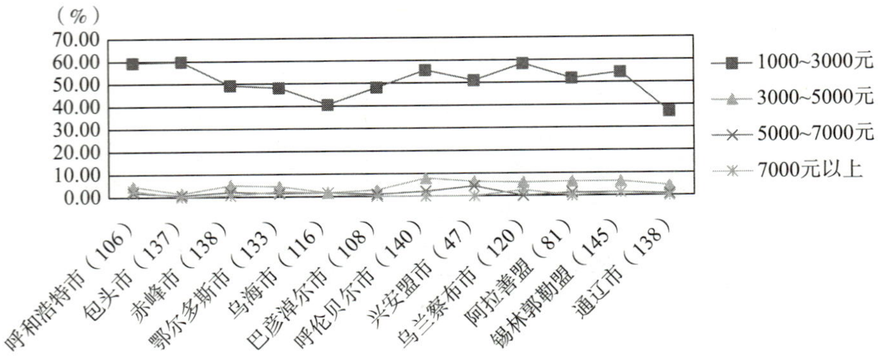

图6-5　内蒙古自治区各市居民每月用于食物支出的费用

本书关于城镇化质量的理解是：城镇化最终服务的目标是“人”，是为了让所有人都能共享现代文明，让居民在城镇化进程中收入不断提高，消费商品和服务的种类、数量和质量不断增加和提升，与此同时包括住房价格、通勤成本等在内的生活成本相对降低。也就是说，城镇化的实质是为“人”服务，是为了居民生活质量的提高。所以在调查问卷中还设计了关于通勤方式的问题，如图6-6所示。在调查过程中我们发现，居民上下班步行、骑自行车或骑电动车与驾驶私家车上下班的人比重大，尤其像呼和浩特市、包头市、鄂尔多斯市和乌海市都是驾驶私家车的比例最大，这种现象一方面说明居民生活水平提高，还有可能是公共交通不够完善导致，笔者和周围很多人了解过通勤方式，不少人认为如果出门20分钟能上车，上车有座，单程花费5元左右是会选择公共交通的。正是公共交通没有达到居民预期所以选择了驾车上下班。这样又带来了另一个问题——交通拥堵。2017年在中国十大堵城中，济南市以2.067的高峰拥堵延时指数再度成为中国堵城排行榜第一名，北京市、哈尔滨市、重庆市、呼和浩特市、广州市、合肥市、上海市、大连市、长春市跻身前十。当然，呼和浩特市“堵”成前十和修地铁等有着较大的关系，但无论如何，交通拥堵已经成为影响城市健康发展的“城市病”之一。城市交通会造成出行者时间逐渐增加，在拥堵造成时间延误的同时，也极容易使人们在等待的过程中产生焦虑、烦躁的心理，降低工作效率，甚至导致交通事故的增加，在调查中发现，居民的上下班时间多在0~1小时（这个时间相比全国大城市并不算多，但内蒙古自治区城市相比较大城市而言规模不大），长此以往，会导致居民的幸福度下降。

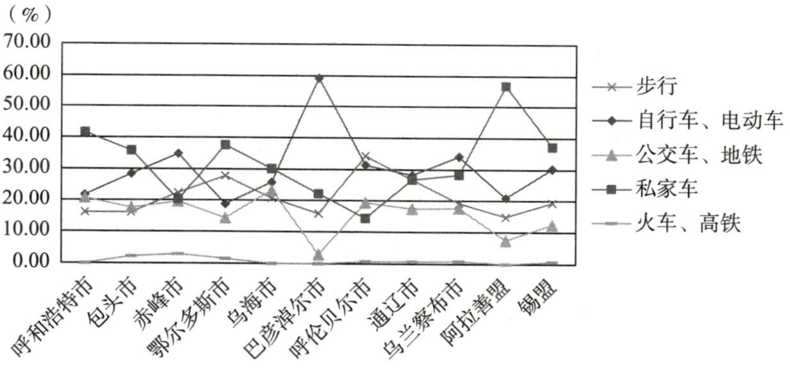

图6-6 内蒙古自治区各市居民上下班主要使用的交通工具

6.2 宜居程度与城镇化质量的理论阐释及实践表现

从我们考察城镇化质量的三个维度来看，宜居维度对城镇化质量的贡献最大，这和评价指标的构建有关，因为我们从教育状况、文化设施、医疗条件、基础设施和生活环境五个方面来测评宜居维度，这几方面大概可以归为公共服务。也就是说，教育状况、文化设施、医疗条件、基础设施、生活环境等公共服务提供充足且质量良好，城镇化质量会得到提高。这些方面的实现离不开政府的理性构建，同等条件下，政府对公共服务的提供充足，该城市的城镇化质量可能会高；而政府如果忽视对公共服务的提供，那么该城市的城镇化质量会偏低。而政府对公共服务的提供状况取决于政府的目标函数，下面就对影响公共服务的因素——政府的目标函数进行分析。

6.2.1 宜居程度与城镇化质量的理论阐释

经济学意义上的政府是指经济生活中的一个特定的主体，它是各种经济组织中的一类，与一般经济组织的区别是在于它具有普遍性和强制性两大特征。普遍性是指人们可以在各种社会组织之间进行选择（但个人却难以选择政府）；强制性则说明政府拥有合法的强制权力，而一般社会组织却没有这一权力。

政府的普遍性和强制性特征，使其有能力以与市场机制完全不同的方式，对经济运行和经济发展施加强有力的影响。与所有经济个体之间只存在平等交易的市场机制不同，政府对经济的干预能够直接体现国家利益和发展目标，因而对渴望加快经济发展的发展中国家具有特殊意义。

市场机制并非是尽善尽美的，也存在失灵的可能性。政府发挥作用的地方存在于市场机制的内在缺陷之处，政府干预有利于弥补市场机制的缺陷。具体来说，市场的缺陷主要表现在以下几个方面：

第一，公共物品、服务供给的不足和缺失。在市场规则的作用下，消费者可以通过等价交换的方式，从市场以等价的方式获取自己所需的物品和服务，但是由于公共物品和服务本身所具有的“非竞争性”和“非排他性”，市场均衡对此却是无效的，并极其容易出现“搭便车”现象，从而使这些公共物品和服务无法有效通过市场来供给。第二，“外部效应”。困境市场经济虽然能够实现资源的合理配置，但同时也会造成资源配置的障碍。外部效应便是其中之一。“外部效应”主要是指一定的生产者或消费者的行为意外地影响了他人利益，却无法通过市场价格来进行调节的情形。单纯依靠市场，无法使受益者付费或使受害者获得补偿，导致了社会收益和私人收益、社会成本和私人成本之间的差异，从而造成市场机制本身无法实现这些资源的最优配置。

正是由于市场机制在许多领域存在失灵现象，政府的介入和干预也有了必要性和合理性的依据。即政府存在的基础就是弥补“市场失灵”，向社会提供“公共物品和公共服务”。正如有的学者所言，“公共服务是指给公众提供具有如下特征的任何一种服务：在这些服务的提供中存在着潜在的、严重的市场失灵，这说明了政府干预的合理性，政府干预的方式包括生产、资助和监管”。在具体运作中，为了克服市场失灵，遏制公共服务领域存在的“搭便车”问题，实现公共服务的充分供给，政府通过税收来为公共服务融资，提供与市场经济相适应的财政规模。总而言之，无论政府秉持何种价值观，在那些无法通过市场有效实现的领域，政府供给公共服务成为必然的选择。

但政府的目标是多元的，它的目标函数是多元化的。政府对目标函数的选择方向（效率偏好）将决定公共服务的供给水平，进而影响城镇化质量的高低。政府函数可分为政府的目标和行为函数。政府在城镇化进程中的作为可以用效率偏好效用函数来反映。

所谓城市发展效率偏好效用函数，是指政府在正向的竞争替代约束和其他约束条件下，通过建立降低交易费用和促进经济增长的有效率体制，合理界定产权，使社会产出最大化，从而使国家税收增加，达到政府间接收益增加，维持政权的可持续发展，是租金偏好向效率偏好转移的结果，具有“帕累托改进”的特征。

例如，国家目标函数是维持其治理国家的长期性和稳定性，而由地方官员控制的地方政府，其目标函数是地方官员的晋级、名誉、声望以及其他的私人利益。这样，地方官员的个人利益与“地方政府”的利益可能一致或者相容，也可能不一致。地方官员通过发展地方经济而获得上级的提拔，这是相一致的地方，而地方经济就要求有强大的收入来支持；地方官员通过预算支出追求个人的其他私利，如津贴、住房、豪华的办公用品等，这是不一致的地方。无论是否一致，都有着追求收入的动机。

在需要和刺激两个原因的综合作用下，行为的动机产生了，而动机真正能够促使人的行为发生又需要两个条件，即需要强度和对象可能。只有这些条件满足了，人的行为在一定的动机下才能真正地发生。因此，我们认为，人的行为是由一定的动机引起的，动机是人发生一定行为的原因和内在动力，人的行为受到动机的引发和调控。动机决定行为，行为是动机的表象。

行为是动机的反映和归宿。虽然相同的行为可能来自不同的需要和刺激，相同的需要和刺激会引起人们的不同行为，但我们可以肯定的是，一旦需要、刺激、需要强度、对象可能这些条件之一或若干个发生变化，那么单个的具体社会中的人的行为必然会发生改变，甚至是突破现有各种制度或规范或规则的约束。我们可以把人的行为加以数学描述：

社会中的人的行为活动 = （{需要}，{刺激}，{需要强度}，{对象可能}），即：

$$H = R(N, I, N_I, O_P) \quad (4.4)$$

其中，H 为社会中人的行为活动，R 为各种社会制度、规则或规范，N 为需要，I 为刺激，N_I 为需要强度，O_P 为对象可能，并假设 $\frac{\partial H}{\partial N}$、$\frac{\partial H}{\partial I}$、$\frac{\partial H}{\partial N_i}$、$\frac{\partial H}{\partial O_p}$存在，也就意味着 N、I、N_I、O_P 发生变化，H 也会发生相应的变化。因此，一旦一种或某几种因素引发需要、刺激的变化，就会引发$\frac{\partial H}{\partial N}$、$\frac{\partial H}{\partial I}$、$\frac{\partial H}{\partial N_i}$、$\frac{\partial H}{\partial O_p}$的变化，也就促使人的行为发生变化。

同理，我们可以视政府为一个具有经济有限理性的人。引发政府行为发生变化的因素非常多，例如经济增长、社会稳定、人民生活水平、工业化、信息化、社会环境等，这些因素中的某一个或几个一旦发生变化即$\frac{\partial H}{\partial N}$、$\frac{\partial H}{\partial I}$、$\frac{\partial H}{\partial N_i}$发生变化，一般来说，政府在$\frac{\partial H}{\partial O_p}>0$ 的条件下，其行为就会发生变化。

影响城镇化进程的要素既包括物质要素，也包括精神的要素。引发政府在城镇化过程中的行为发生变化的要素有很多，例如社会经济发展目标、社会环境、公共服务、各种经济要素，等等。

在城市化过程中，政府目标函数的自变量是引发政府在城市化过程中的行为发生变化的要素，包括社会经济发展目标、社会环境、公共服务、各种经济要素等；因变量就是政府行为，某一个或几个自变量发生变化，就会通过 $H=R(N, I, N_I, O_P)$ 这一关系式，引发因变量即政府行为的变化。

公共选择理论把市场经济下私人选择活动中适用的理性原则，应用到政治领域的公共选择活动，确立了政府这个公众代理人的“经济人”角色。也就是说，政府和政府官员在社会活动和市场交易过程中同样扮演着“经济人”的角色。只不过政府是代表社会公众对社会进行管理和服务，或“代理”国家对社会进行“经营”。因此，从这个角度来说，政府有着他自身的利益。只要这种政府“经济人”角色的冲动与其代表的社会公众利益的效用函数相一致，即可成为激发公务员积极性的一个动力源泉。但一个理性的政府官员，有追求个人升迁的权利；“为官一任，造福一方”，各个地方政府也有其地方利益，这些都是无可厚非的。问题的关键是，在市场经济发展的过程中，随着政府自身利益的主体意识明显激增，而相应的约束机制却严重滞后，这就容易造成政府某些利益与公众利益的偏离和错位，这无疑会使政府逾越本身的职能界限，在城镇化进程中，影响政策的效率。比如，在政府函数中偏重激励与官员升迁，就会出现短视行为和追求急功近利的粗放型成长路径。

政府职能、目标、行为的千差万别，导致政府行为的非系统化。其结果是导致政府行为往往会演变为政府领导集团的目标，容易形成短期行为，不顾客观规律，寻求轰动效应和所谓的政绩，造成政府行为的不连续和波动性。领导行为的随意性，领导集团从主观需要来考虑和选择政府行为方式，很可能使有些表面看来最能显示政绩的恰恰是没有什么实效的，是破坏可持续发展的。政府政策行为措施的非系统性、非连续性，往往因为政权交接、个人经验、个人经历、个人风格、个人好恶等差异，造成新的领导者做出新的选择。因此，政府函数的不同会导致政策的效力不能正确、持续地发挥作用，从而影响城镇化的质量。

6.2.2 宜居程度与城镇化质量关系的实践表现

我们衡量宜居程度的具体指标为教育、文化、卫生、基础设施以及生活环境五项指标。城镇化最终服务的目标是人，要以人为本、以人的安居乐业为方向，这也符合科学发展观的内涵。宜居程度是带来城镇化质量指数提高的重要因素，具体包括以下内容：

（1）为居民提供基本的公共服务。教育是一个城市人口素质水平、科教文化水平的重要体现，也是城市经济持续发展的高级劳动力储备的规模指标，一个地区在教育方面的高低显示了该地区人口的整体素质和劳动力素质的高低。在此方面，内蒙古自治区发展潜力较大，万人在校大学生数由2000年的82.9424人上升至2015年的469.9766人，万人在校高中生数由2000年的642.3593人上升至2015年的983.0383人，显示出内蒙古自治区人口素质水平在这16年间有了很大的提高。平均水平有所提高，但各市情况各异，如图6-7所示。呼和浩特市这一指标远高于其他城市。

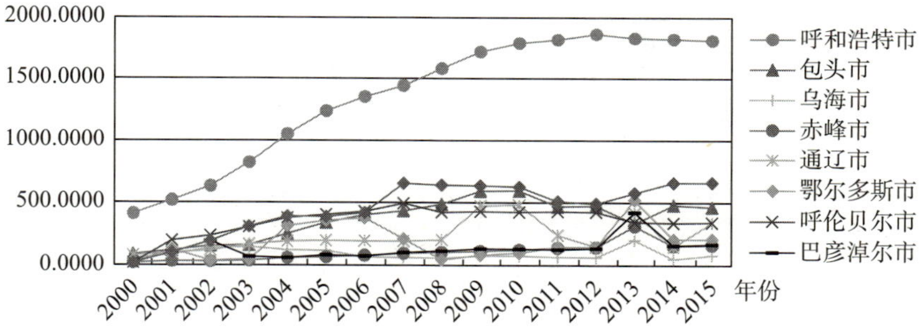

图6-7 各市万人在校大学生情况

（2）文化。文化对于城市社会的影响深刻而广泛，可谓城市的灵魂。从历史到现实，从微观到宏观，文化渗透于城市经济、社会、环境的各个方面，成为影响城镇化发展的关键因素，健康的城市离不开健康的城市文化。截至2015年万人剧场、影剧院已达到0.11家，百人公共图书馆藏书已达到96.71本，万户互联网已达到5372.62户。以上数据显示，内蒙古自治区的公共文化服务基础设施体系逐渐健全，文化娱乐活动场所的投入不断增加，公共文化资源建设进展迅速，且现代化信息技术与网络的发展为城市公共文化服务更加公平、方便、快捷地服务于人民群众提供了技术支持，如图 6 - 8 所示的关于居民阅读方式的调查结果显示，在互联网快速发展的时代，移动电子阅读方式几乎与传统的纸质书籍持平，这也充分体现了互联网在文化方面的重要性。

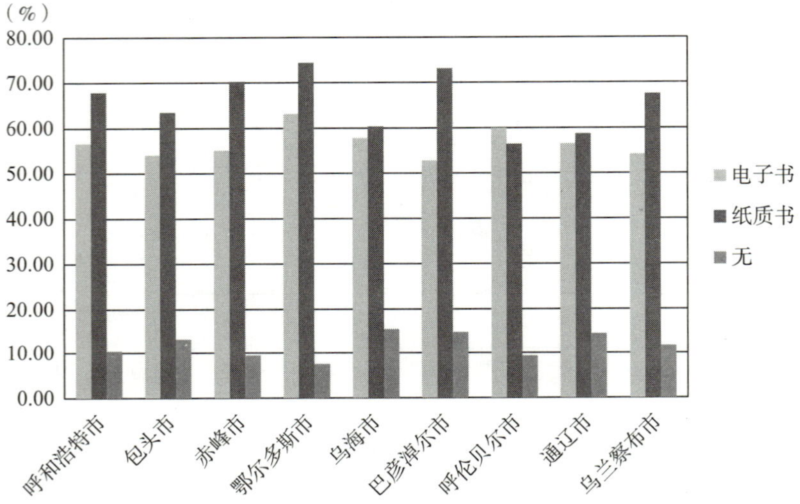

图 6 - 8　各市居民阅读方式情况

（3）卫生。各地居民最不满意的应该就是“看病问题”，尽管近年来医疗条件得到了改善，但和居民的需求相比远远不够，无论是数量还是质量。当然医疗条件应该会继续向好的方向发展。随着内蒙古自治区经济的发展，医疗服务水平快速发展，医疗卫生服务体系发展迅速，服务能力快速提升，城镇居民的健康水平不断提高。

目前，万人医院数已达到 1. 39 所，万人床位数已达到 93. 83，万人医生数达到 51. 74 人，但各市情况不同。以万人床位数为例，如图 6 -9所示，鄂尔多斯市一路领先，并且远高于其他市，其次是呼和浩特市，通辽市和呼伦贝尔市有较大幅度增加，其余各市基本增幅差不多。

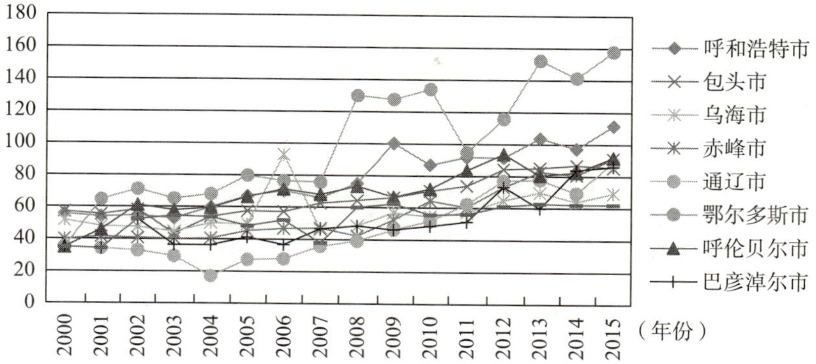

图6－9　各市万人床位数

由于医疗条件的改善使居民平均寿命不断提高，图6－10是本次调查的平均寿命情况，受访者周围人平均寿命多数在60～80岁，且70多岁居多，这和全国平均水平相近；寿命在40～60岁的最少，且多数是意外致死。

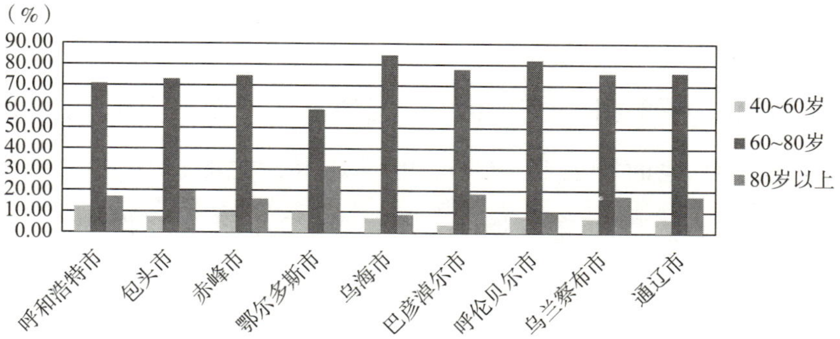

图6－10　居民周围的人平均寿命调查结果

图6－11反映的是居民死因情况的调查结果，居民主要死亡原因

是疾病，这和医疗条件得到了很大改善并不矛盾，因为“生老病死”也是自然规律。

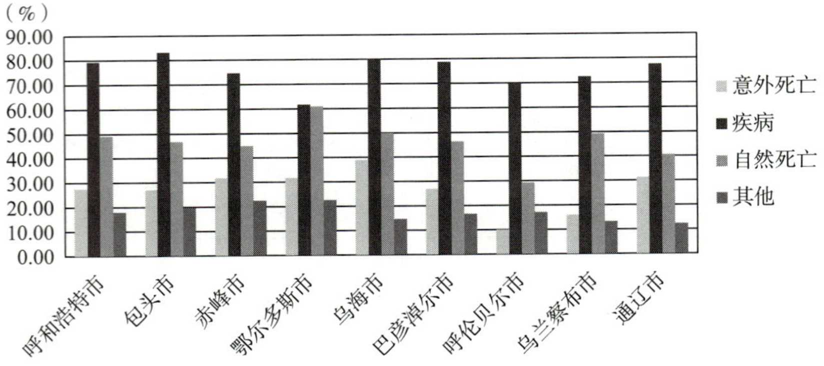

图 6－11　各市居民周围的人死因情况调查

（4）基础设施与生活环境。2000～2015 年反映宜居程度的各方面指标均有提高，但提高幅度和速度不同，其中基础设施和生活环境改善程度很大，这也符合居民的感受。但随着居民生活的水平提高，加之基础设施欠账严重，所以这一改善依然不能满足居民的需求。由于公共汽车数量少，基础设施不完善，导致居民多乘坐私家车出行，使碳排放量增多，并不利于居民生活环境的改善。截至 2015 年，内蒙古自治区的人均绿地面积已达到 96.19 平方米，建城区绿化覆盖率也增加到 36%，城市人居生态环境得到改善。工业固体废物综合利用率、城镇生活污水处理率、生活垃圾无害化处理率均有所提高。应在提高利用率的情况下，推行“生活污水减量”“生活垃圾减量”等政策和措施，提倡低碳生活、绿色生活。

结合图 5－1 我们发现，城镇化质量的变动趋势和宜居程度的变动趋势完全一致。由于本书定义的城镇化质量就是生活质量，而生活质量中教育、文化、卫生、基础设施以及生活环境关系密切，如前所述这些方面水平的提升会带来生活质量即城镇化质量的提高。

6.3　发展潜力与城镇化质量的理论阐释及实践表现

6.3.1　发展潜力与城镇化质量的理论阐释

“教育投入是支撑国家长远发展的基础性、战略性投资，是教育事业的物质基础，是公共财政的重要职能”。陈志昂等（2011）以我国 1953 ~2009 年科技投入与经济增长的有关变量为基础，研究表明，我国经济增长与科技投入之间存在着明显的双向因果关系，科技投入较大程度地促进了我国的经济增长，同时经济的发展也推进了科技研究的更大投入。目前，我国科技投入总量占 GDP 比率还较低，即便是东部地区城市技术进步对经济增长的贡献也远低于发达国家。“再穷不能穷教育”“教育要面向现代化、面向世界、面向未来”“科学技术是第一生产力”等响亮口号说明了教育和科技的重要性，而当前对如此重要的立国之本的教育和科技的投入尚且不足，其余的公共服务又怎么会供给充足，满足居民的需要呢？而公共服务的短缺必会影响东部城市的城镇化质量。事实上，公共服务充足供给不仅可以提高居民生活质量，还有利于地区经济增长。阿瑟·奥沙利文（2002）从税收与公共服务关系的角度探讨如何更高效地实现公共服务。他提出：“有确凿的证据表明地方税会对地区企业成长产生重大的负面影响。换句话说，在其他条件相同的情况下，高税收城市发展的速率比低税收城市发展的速率要低。同样，在其他条件相同的情况下，如果一个城市税收增加，则城市发展的速率减慢……高税收城市发展的速率较低是因为企业支付了更多的税款，却没有获得更好的公共服务作为回报。如果高税收城市将获得的额外税收收入用于提供更好的公共服务，那么这座城市的发展速率可能会高于低税收、低公共服务的城市。”同时指出有确凿的证据表明地方公共服务对地区企业成长产生重大的积极影响。如果两个城市其他各方面的情况相同，唯一区别是地方公共服务的质量，那么公共服务质量高的城市发展速率高。同样，在其他条件相同的情况下，如果一个城市改进了公共服务，那么该城市将以更高的速率成长发展。也就是说，公共服务的充足供给不但会提高居民生活质量，从长远看还有助于当地经济发展。

6.3.2 发展潜力与城镇化质量关系的实践表现

“提高国家财政性教育经费支出占国内生产总值比例，2012 年达到 4%”，这是《国家中长期教育改革和发展规划纲要（2010 ~ 2020 年）》（2010）中提出的，“4% 成果来之不易。2012 年国家财政性教育经费首次突破 2 万亿元，占 GDP 比例首次超过 4%，这是我国教育发展史上的一个重要里程碑。如果从 1993 年第一次提出 4% 目标算起，我们用了 20 年时间。2012 ~ 2016 年，国家财政性教育经费五年累计投入 13.5 万亿元，超过 1952 ~ 2011 年 60 年累计投入之和，是新中国成立以来财政教育投入最多的五年。对于财政性教育经费使用情况，从各级教育分布来看，一半以上用于义务教育。2016 年义务教育占 52.85%，占比最高。从地区之间分布来看，一半以上用于中西部。2016 年中西部地区财政性教育经费达到 1.71 万亿元，占全国地方的 59%。从支出项目分布来看，一半以上用于教师工资和学生资助”

(http://news.sina.com.cn/c/2017-09-28/doc-ifymkxmh 7607013.shtml)。

事实上我们知道,"4%"是 1993 年《中国教育改革和发展纲要》中提出的一个目标,当时欠发达国家教育投入占 GDP 比重的平均水平是 4%,而印度、哥伦比亚、巴西等发展中国家的教育投入已超过 4%,当时的国际平均水平是 4.9%,发达国家的这一数据是 5.1%。中国实现这一目标用了 20 年的时间,而且这只是一个平均数,从表 7-1 中可以看到,直到 2015 年,中国地级及以上城市的教育投入仅占 GDP 的 3%,各区域的教育投入占 GDP 比重也在 3% 左右。一方面,从数据中可以看出教育投入确实增加了,只是没有 GDP 增加得快;另一方面,东部地区占比最低,西部地区最高,也印证了之前提到的"教育经费的使用一半以上用在中西部地区"。但内蒙古自治区的教育投入并不尽如人意,如图 6-12 所示。所研究的全部城市市辖区的教育投入都不高。

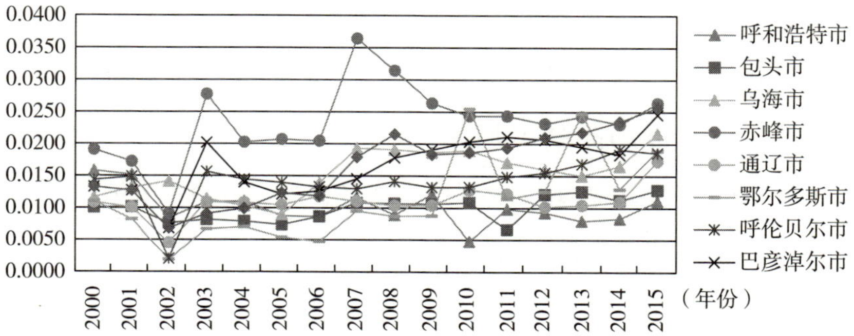

图 6-12　各市教育投入占 GDP 比重

从之前的分析中我们知道,教育从以下几个方面影响城镇化进程同时影响城镇化质量。第一,教育促进劳动力从农村向城市迁移。在一个代表性家户中，教育水平较高的成员在工业和服务业领域有比较优势，会被派到城市里务工。实证研究证实了这一点。第二，高技能劳动者向教育水平更高的城市集聚。第三，城市人力资本对于劳动力流动的影响。如果高、低技能的劳动力之间存在着技能互补性，那么，高、低技能的劳动力会同时向人力资本水平更高的城市集聚。伴随着知识经济发展和科技全球化的到来，国家创新能力对实现社会经济发展目标将起到关键性的作用，创新已经成为衡量一个国家核心竞争力的关键因素。作为创新活动物质基础的科技资源通常被称为“第一资源”，其是指为了实现科学技术的不断进步而进行的人力、财力、物力、信息等科技要素投入的总和。研究表明，科技资源投入的数量与质量是构成国家创新能力的重要基础，从根本上决定着这个国家的创新水平和创新绩效（范斐、杜德斌、李恒、游小珺，2013）。科技的发展对城镇化也产生了重大影响，科技城市的建设成为世界各国发展经济的重要途径。促进科技城市文化的形成，文化作为一种精神动力，对科技城市的发展与创新活动都具有十分重要的推动作用。日本科技城多将环境保护、低碳的科技生活作为城市文化；而美国高技术城市重在表现其开放、自由以及不断勇于创新积极向上的精神。与之不同的是，反观我国在推动高技术城市发展的过程中，普遍存在将高技术功能和城市功能完全割裂开来或是混为一谈，要么一味地发展高技术产业，将科技成果束之高阁，成为一座“科技乌托邦”的空城；要么将科技开发区等同于一般城市去建设，凭借其发展科技城为卖点，在科技规划建设区内大规模地开发高档住宅社区，形成一种与科技城内涵并不相称的生活环境和文化氛围。从未来发展趋势来看，建设一个开放式的科技城市需要一种多元和包容性文化来支撑，这就要城市管理者、规划者、建设者具有独特的文化内涵、前卫的文化理念和普世的价值观念去营造科技城市独有的文化基调，培育出具有包容性和创新力的城市文化。

结合图5-1我们也能看出，城镇化质量的变动趋势和城市发展潜力几乎没有关系，城市发展潜力仅是极其缓慢地增加。这不利于城镇化质量可持续的提升。

上述内容我们分别从生活水平、宜居程度和发展潜力三个维度对影响内蒙古自治区各市城镇化质量的因素进行了分析。从区域角度而言，城镇化质量中部凸起的原因还有内蒙古中部地区的鄂尔多斯市城镇化质量增速第一，主要依靠煤炭、天然气等资源，带动当地的经济发展，进而使居民的生活水平得到提升，促进城镇化发展的进程。呼和浩特市是内蒙古自治区首府、政治中心，并且拥有良好的地理位置、政策、教育等优势。包头市是内蒙古自治区制造业和工业中心，矿产资源丰富，白云鄂博铁矿拥有世界上最大的稀土储量，而稀土是高端制造业的重要原料，由此包头市依赖矿产资源，发展原料指向性工业，集中了如包钢、稀土研究院、中国核工业公司等企业。乌海市是内蒙古自治区西部煤炭生产与化工的主生产基地，近年来不断调整产业结构，也在积极发展高新技术产业和第三服务业。乌兰察布市的优势产业为皮毛、纺织，并且是呼包鄂经济圈连接京津冀经济圈的重要陆上通道。内蒙古自治区东西部优势产业集中于农业、畜牧业、旅游业、林业，工业发展得并不好。由此我们发现内蒙古自治区中部的发展，主要是依赖自身的资源，以发展工业为主要推动，经济增速高于内蒙古自治区东西部，进而带动城镇化水平的提高，这也是内蒙古自治区东西部的城镇化质量水平低于中部的主要原因。

分析影响各市城镇化质量的因素就是分析影响内蒙古自治区城镇化质量的因素，其实影响西部各省（市、自治区）城镇化质量的因素也是从这三个维度分析，只是结果各有侧重。如从生活水平维度来看，重庆市、陕西省、内蒙古自治区、新疆维吾尔自治区的生活水平得分比较高，排名靠前，而四川省、甘肃省的生活水平得分较低。内蒙古自治区自西部大开发以来，整体经济发展迅速增快，人均生产总值和人均可支配收入位于西部地区之首，重庆市和陕西省的人均可支配收入也都处于西部的前列。内蒙古自治区、陕西省和重庆市凭借其经济规模和增速优势，为本地区居民提供了较好的生活水平。产生这样差异的原因与各市的产业结构有着密不可分的联系。

作为政策覆盖区被纳入西部大开发的内蒙古自治区，紧紧把握这一战略机遇，在2006年内蒙古自治区两会上，第一次将为群众办“六件实事”写入《政府工作报告》，此后每年都在此基础上增加一件实事，“为群众办实事”工程内容覆盖居民生活各方面，从新型合作医疗试点推广到扩大农村社会保障覆盖面，从逐年加大公路、水利、农牧区电网建设，到农村中小学生学杂费、书本费的减免，该“实事工程”中所包含内容，与此次研究的宜居程度各项二级指标基本吻合，因此内蒙古自治区的“实事工程”极大地提高了内蒙古自治区的宜居程度。而内蒙古自治区虽然教育和科技比较薄弱，但内蒙古自治区正在不断加大科技投入为创新驱动蓄能充电，还建立了内蒙古自治区科技协同创新基金，旨在创新政府科技投入模式。

6.4 小结

本章从生活水平、宜居程度和发展潜力三个维度对影响内蒙古自治区各市城镇化质量的因素进行了分析，解释了本书第5章内蒙古自治区城镇化质量空间差距的原因。总体来看对城镇化质量贡献最大的是生活环境，其次是收入与消费指标，基础设施紧随其后，贡献最小的是人才潜力和技术潜力，其次是教育。正是这些指标在各市的高低大小不同，所以导致各市城镇化质量不同。生活环境和基础设施得到较大改善的重要原因是政府行为，这和这些年国家的指导思想和政策导向有着巨大的关系。但这并不是说生活环境已经非常好了，基础设施也满足居民需求了，而是说较以前有了很大的改善。随着收入的增加，人们的需求层次会提高。而这些需求的满足会提高生活的质量。在最基本的层次上，收入必须能够满足食物、住所以及衣物等的需求，但在更高层次上，收入是实现个人自尊、声望、地位以及自我实现的工具。可以看出，收入对提高城镇化质量的重要性，而收入的提高有赖于就业的充足。即同等条件下，收入增加，城乡居民储蓄年末余额和人均社会消费品零售总额也会随之增加，城镇化质量进一步就会提高。从数据看，对城镇化质量贡献度最低的是和教育和科技投入相关的指标，“国家力量源于教育；民众利益基于教育；民族自立根于教育”。事实上也指明了进一步提升城镇化质量的重点和方向。

第7章 提升内蒙古自治区城镇化质量的政策建议

对内蒙古自治区2000年以来城镇化质量状态的测度结果表明，自2000年以来，内蒙古自治区的城镇化质量基本上呈现出稳定上升的态势，其中城市发展潜力指数缓慢上升，生活水平指数稳步上升，这一时期城镇化质量的提高主要是由宜居程度的改善带来的。虽然内蒙古自治区城镇化质量得到了一定程度的提高，但是与这一时期城镇化数量的迅速扩张还是有一定的差距。同时，内蒙古自治区城镇化质量还存在着空间差距，呈现中部凸起两端塌陷的局面。在内蒙古自治区城镇化进入新阶段的背景下，在城镇化数量不断扩张的同时，还需要不断调整经济增长的结构、保持经济增长的稳定性，以提高居民生活水平，增加公共服务供给、满足居民需求，改善生态环境以提高居民宜居程度，增加教育和科技投入提高城市发展潜力。由此来实现城镇化数量与质量的统一，实现内蒙古自治区城镇化的长期可持续性。《中华人民共和国国民经济和社会发展第十三个五年规划纲要》（以下简称“十三五规划”）的主要目标之一是“人民生活水平和质量普遍提高。就业比较充分，就业、教育、文化、社保、医疗、住房等公共服务体系更加健全，基本公共服务均等化水平稳步提高。教育现代化取得重要进展，劳动年龄人口受教育年限明显增加。收入差距缩小，中等收入人口比重上升。”提升城镇化质量就是实现这一目标。

7.1　经验借鉴

7.1.1　英国城镇化进程中的质量问题及解决

近代英国商业的发展和扩张，对英国早期城镇化的产生，起到一定程度上的促进作用。英国商业的发展有三个最主要的原因，即国内统一市场的形成、对外贸易的急剧扩张以及自由市场制度的形成与完善。其中，国内统一市场的形成，有力地推动了英国城市的发展。工业革命使工业化率先在英国兴起，使英国成为第一个工业化国家，同时工业化也使英国在世界上率先开启了城镇化进程。工业化与城镇化关系的理论在英国得到了最好的验证，正是由于18世纪下半叶开始的工业革命，开启了工业化进程，英国才在世界上首先开始城镇化，并最终成为第一个城镇化国家。

英国城镇化是在一种既无准备，又无模板的环境中进行的。在新的景观、新的生活方式与新的利润实现形式的刺激下，越来越多的人口涌入城市，使城市难负重荷。企业家们全神贯注于生产、无所顾忌地追逐利润，却忽视了人们生存与生活最基本的需求。19世纪时，英国的城市街道曲折狭窄，大多仍是中世纪市场集镇式的窄街小巷，使人如入迷宫，也没有专门的人行道或车道，与现代城市人流、物流的密集性流转需要不相符合。而住宅更是参差不齐，从贵族、金融家的豪华宅第，到普通居民的后街陋室，并存于城市街头。大多数人的住宅拥挤简陋。此外，19 世纪的英国城市大多缺乏相应的公共设施。今天我们已经熟悉的城市公共设施，如公园、绿地、广场、博物馆、艺术馆之类大多还不存在。

环境污染严重，公共卫生状况糟糕。工厂的大规模建立，产生了大量的工业废水与工业废气，它们进入水体和空气造成了严重的污染。

城市卫生状况也是极度糟糕，社会改革家查德威克向政府提交的《劳动人口卫生状况报告书》记载："我国的某些城镇里竟如此缺乏市政管理，以至于清洁卫生方面之糟，几乎和一个野营的游牧民群或一支无纪律的军队不相上下。" 1883 ~ 1886 年，伦敦就曾有 4 次霍乱流行，导致上万人丧命。

19 世纪，针对这些严重的城市问题，英国通过中央和地方立法开始着手建立符合城市现代化管理要求的发展计划：其一，对城市重要构成形式的城区街道进行规划与更新。例如，港口城市利物浦从 18 世纪末到 19 世纪初就致力于对市中心的改造，拓宽市中心的街道，铺设人行道。格拉斯哥市运用立法机关的力量大刀阔斧地进行城区改造工程。1866 年，市政会通过改善法案，对市中心约 88 英亩范围的区域进行重新规划，拆除杂乱的无计划建筑物和大量贫民窟，新建和改造了街道，规划公园绿地。其二，改善市民居住状况。例如，利物浦对居民住宅建筑的宽度、高低、密度、入口等都提出了一些基本要求，以解决居民住宅狭窄问题，并且要求必须有齐备的卫生设施。其三，修建了大量的公共空间。19 世纪 30 年代开始，英国一些城市政府就开始为民众提供"合理的娱乐"设施，如公园、图书馆、博物馆、画廊，以提高人们追求健康、欣赏自然景色的能力，提高对文学、科学、艺术等"高雅"文化的鉴赏力。其四，改善公共卫生环境。1848 年，英国政府颁布实施第一部《公共卫生法》，1855 年政府成立了城市卫生局，专门负责城市污水的排放、街道清洁、照明设备等。1875 年，英国又颁布了更为完善的《公共卫生法》，对城市的排水系统、清洁卫生、供水系统、水资源保护、流行病的预防以及医院的建设等都作了明文规定。其五，初步建立社会保障体系，救济贫困。

英国城市现代化过程包括城市定位的变化和功能的现代化，使城市从单纯工作与定居的场所，变成工作、生活与休闲的地方。通过一系列具体措施，在各大城市建设起了初步的基础设施和公共设施，使各个城市逐步具备了完整、有效的综合服务功能，从而为城市经济的增长和城市社会的进一步发展提供了基础性支撑。

从以上描述我们可以看出：

第一，英国国内统一市场的形成过程，说明有分工才有市场，有市场才有聚集，有聚集才有城市。分工是聚集经济产生的根源，聚集经济是城市出现和扩张的基本动力。历史的发展证明了上述结论。

第二，工业化是英国城镇化的根本动力。工业化具有先天的集聚性特征。工业化的最大特点是机械化和生产专业化，由此要求密切的分工协作，以最大限度地提高生产效率，这一特点造成生产要素（资本、设备和劳动力等）的集中。同时，工业化又讲究规模效益，这不仅是单个工业企业生产要达到相当规模，而且需要众多相互关联、生产配套的工业企业在一定空间上的集中，因为只有这样才能降低工业生产的平均成本，才能尽可能地获取更多的利润。这种专业分工协作、规模经济和外部经济的要求，使工业化具有极强的集聚效应，拉动各种经济要素和人口向一定的地理空间集中，形成城市聚落的外观。工业化要求生产要素的集中，而城镇化就是生产要素在地理空间的集中过程，因此工业化和城镇化正是经济要素集中这一本质事物的两种形式。工业对农业还有比较优势，也促进了人口向工业的集中。这种集中的过程，改变了地域的景观，造成了城市性聚落的面貌。

第三，城镇化造成诸多社会问题。英国的城镇化是在一种没有准备、没有先例的情况下进行的，对于诸多社会变革，无论是中央政府还是地方政府都是被动的参与者。城镇化的快速发展过程中，出现了严重的“城市病”，主要问题：城市基础设施匮乏、城市贫困问题严重、城市污染严重、公共卫生状况糟糕、城市人居环境恶劣与城市文明因素匮乏。

第四，政府在城市现代化过程中作用突出。在城镇化的前期，英国政府通常是被动应对城镇化中出现的问题。但是，随着城镇化水平不断提高，这种“无为”的城市管理模式越来越难以应付城镇化所引发的各种严重的社会问题。面对来自社会各方面的压力，英国政府开始积极转变管理理念，积极参与城市的发展建设，主动应对城市发展问题，逐步健全政府职能。尽管当时英国政府还没有一套完整的管理模式，但是这种态度的转变为英国城市今后合理地发展提供了更为广阔的空间和必备条件。

第五，英国城市现代化过程中更注重城市文明的形成。英国政府相继颁布《工厂法》《工矿法》《10 小时工作日法》《工人住宅法》和《雇主责任法》，对童工、工作强度、工作环境、工人保障与贫民窟问题作出相关规定，以解决城市贫困问题。19 世纪 70 年代，通过立法解决城市居民饮水质量低和污水排放问题，积极预防、应对流行病的发病。这些公共卫生措施效果明显，使英国城市人口平均寿命大幅提高。此外，英国政府还颁布济贫法，大力提高济贫院对老人与儿童的救济水平，使城市的社会保障体系覆盖面更广、水平更高（赵煦，2008）。

7.1.2　美国城镇化进程中的质量问题及解决

7.1.2.1　美国东北部城镇化——以纽约为例

美国工业化发轫于东北部，19 世纪中期东北部成为全国制造业与财政中心，集中了全国制造业的 4/5 和城市人口的 3/5。工业化起步早，城市发展在全国一直居于领先地位。1860～1900 年该地区城市人口占其总人口的比例每十年平均上升 7.8% 以上，远远超过全国平均水平。1890 年全国平均每三个人中有一个居住在城市，而东北部每两个人中就有一个居住在城市。以纽约市为例，该市人口增长非常迅速，1860 年人口为 117 万；1900 年它与布鲁克林合并之后，人口将近 300 万，是当时世界上仅次于伦敦的第二大城市；1920 年更增加到 562 万人，在全国城市中一直居于遥遥领先的地位。与此同时，城市性质也发生了变化，纽约市从 1870 年的国际性大都市，1920 年一跃成为国际金融中心。1910 年在大纽约地区，产值在 100 万美元以上的制造公司 528 家，有 100 万元资产以上的托拉斯公司 44 个；独占美国国民财富 1/3 的洛克菲勒和摩根两大财团都以纽约为大本营。其内部的产业机构原先比较发达的第二产业如机器制造、造船业等开始让位于服装业、运输业和建筑业等；整个经济结构中第二产业转向第三产业，通信信息、商业、金融保险等取得显著地位。

7.1.2.2　美国中西部城镇化——以芝加哥为例

19 世纪中期以后，美国进入了一个工业化、城镇化的鼎盛时期，经济发展的热点地区转向中西部。中西部拥有丰富的自然资源和优越的地理条件，而且它又靠近率先完成工业革命的东北部，有地利之便。

可以说，城镇化向中西部的推进，既是东北部工业化的延续，又随着以钢铁、电力技术为标志的第二次技术革命高潮，是在美国经济的起飞时期、工业化向纵深发展的最直接反映。因此，中西部城镇化建立于更高的生产力水平的基础上，起点较高，由此进入一个大机器工业兴盛发展的时期。

城市的发展致使社会变迁过快，由于新旧体制转换出现断层，各种矛盾暴露无遗。城镇化水平达到50%时，一个传统的乡村社会基本达到现代城市水平。城市的迅速发展特别是大城市的崛起，使城市社会日益复杂化。此时旧的自由放任机制基本已不适用了，但新的有效的社会控制系统还未健全起来。从19世纪中叶开始，城市病进入了高发期，城市问题突出表现在以下两个方面。

首先，人口、工厂集中于城市造成拥挤不堪，年久失修的老房屋成为城市的贫民窟。比如纽约的尚提托地区，牲畜满街奔跑，粪便四遗，人们在这里酗酒斗殴也是家常便饭。贫民窟问题越来越成为社会问题最集中、最鲜明、最尖锐的反映。在贫民窟集中区，卫生设施极不完备，甚至可以说根本没有。据调查，贫民窟的死亡率最高，仅1800年，居住在贫民窟的50万人中，死亡率就比其他地区高4倍。

其次，由于机制和权力处于一种“真空”状态，一些职业政客——政党势力、帮派势力、大企业的代理人乘虚而入，握有市政实权的城市“老板”与各大企业流涤一气、互相利用，腐败之风充斥于市政管理，市政建设弊端丛生，使城市处于城市老板及其帮派的把持下。结果造成市政管理混乱和市政建设的无政府状态，市政腐败不堪，贪污、贿赂盛行，许多问题非但不能解决反而越来越糟、越来越多、越来越难解决。

19世纪80年代开始，在一些大城市中相继出现针对城市老板的改革运动。运动的发起者主要是在工业化过程中崭露头角的新兴工商业部门中的企业家、商人、银行家及部分与其利益相关的新中产阶级。初期，这些改革者们将机构改革的焦点集中于从根本上取缔城市老板及帮派势力，代之以“有才干的企业家管理的民有效能”的城市政府。为此，19世纪80年代中期以后，资产阶级上层人士组建了许多企业家俱乐部和市民俱乐部。1800～1915年，随着进步主义的深入发展，市政改革的进一步推广，美国城市政府先后形成了市长制、委员会制和经理制三种形式。市长制是在反对州议会干预市政的基础上建立起来的，市长与市参议会互相牵制。市长中又形成市长权力较大的“强市长议会制”，多盛行于50万人口以上的大市。它充分体现了权力的多元制，部分实现了大众参与管理的愿望。

通过以上回顾，我们可以看出：

第一，美国城镇化属于经济同步型。美国城镇化与它的经济水平相一致，属于经济同步型。原为英属殖民地的美国，在独立后的一段时期内，经济上并没有摆脱对英国的依附，再加上其他一些因素，直到内战后才真正进入经济快速发展时期。伴随工业化的发展，美国城镇化也进入鼎盛时期。19世纪末它的工业品生产总值在世界上的比重已超过英国跃居世界第一，相应地，1920年它的城镇化水平达到51.2%。另外，在美国城市发展的地理趋向上，出现的“自东向西，自北向南”的区域推进过程也是由经济空间的扩展方向决定的。

第二，工业化是美国城镇化的直接动力。受欧洲工业革命的影响，美国工业生产技术和生产手段得到提高，商业更加组织化，农业生产率以及农业生产能力有很大提高，随着农业对劳动力需求的减少，农村人口向城市的移民促进了城市化进程。与此同时，高水平的农业生产可以满足不断增长的外来移民的需求，给新工厂的工人提供充足的食品，加速了城市的增长。工业化促进了美国的城镇化，产生了一大批工业城市、矿业城市、能源城市、交通枢纽城市，由波士顿、纽约、费城、巴尔的摩、匹兹堡、克利夫兰、底特律、芝加哥等城市组成的制造业带成为美国的经济中心，这个中心的产业扩散带动了其他地区的工业发展，从而促进了中西部地区的工业化与城镇化进程。

第三，交通运输网的完善对城市发展的作用不言而喻。每一次重要的交通发展都推动了城镇化高潮的到来。19 世纪前期美国是以航运为主要交通形式，在这一阶段人们主要居住在航道线附近。1850 年前，90% 的美国人居住在密西西比河以东，人们的居住地受自然条件的影响巨大，不同定居点之间联系困难。19 世纪后期大规模的铁路建设改变了美国人的居住形势，使人们摆脱了航道的限制，可以迁徙到更为广大的地区居住生活，并且在铁路沿线形成了数以百计的新城镇。第一次世界大战后汽车广泛使用推动了城镇化的发展，尤其是 20 世纪 50～60 年代，高速公路网的修建使城镇化向郊区发展，随之带动了大都市区和城市群的出现，使美国城镇化水平迈向世界前列。

第四，多元的城市发展道路。城市发展的参与者们在市场力量的作用下，进行各自的区位选择，深刻地影响着城镇化及城市的发展。美国从向心式的城镇化到离心式的城镇化，从城镇化在东北部地区的最初发迹到向广大的西部和南部的地域推进，都是在市场力的作用下实现的。这种市场力量使美国的城镇化道路内容丰富、形式多样：美国东北部大西洋沿岸地区因工业革命的推动由商业手工业为主的城市转变为工业城市；美国中西部地区由于得天独厚的自然条件，首先实现了农业现代化，并以此解放大量剩余劳动力进入城市；美国东北部、中西部的率先发展为西部、南部地区的城镇化准备了大量生产资料、资本与经验，使其在铁路的带动下跨越了农业发展阶段而直接进入城市快速发展时期。

第五，城镇化进程中也出现了诸多问题。在城镇化进程中，同样出现了住房及交通拥挤、贫民窟、公共设施缺乏等问题，而贫民窟问题越来越成为社会问题最集中、最鲜明、最尖锐的反映。针对这一问题，社区改良运动的倡导者用改善贫民窟居民生活及文化水平的方法来改造贫民窟。改革者们通过在最贫困的社区创办会所，供那里的居民居住、学习和娱乐，使这些场所成为社区的教育和娱乐中心的方式，改善了那里居民的生活状况，提高了他们的文化水平，增强生活上的自立能力，从而提高整个社会的文化生活水平。当然，这些措施有一定局限性。比如社区改良运动仅局限于东北部和中西部一些大城市，未能在全国广泛展开；市政改革运动的领导者们忽视城市中下层人民摆脱困境的要求，等等。尽管如此，改革者们提出并实践的一系列措施毕竟部分地解决了城镇化过程中出现的一些迫切问题，城市状况也毕竟得到了一些改善，从而有利于城市的良性发展（邢建军，2011）。

7.1.3 日本城镇化进程中的质量问题及解决——明治维新后的城镇化

现今如此高度城镇化的日本，是在明治22年（1889年）才开始设立市制的。严格来说，日本的城镇化是从这时才开始起步的。第二次世界大战后，日本城镇化进入了新阶段。特别是1955年后，经济高速增长，20世纪60年代产业和人口急剧向大城市集中，大量农村人口转变为城市人口，城市数目和规模日益扩大，城镇化已达到高度发展的阶段。

工业化和经济发展，并不等同于城市的健康发展。明治维新以来，日本城市的发展，走的是一条片面发展工业而忽视市民生活环境的畸形道路。

第一，工业公害、住房拥挤和交通堵塞现象严重。在日本城镇化高速前进的过程中，由于过于注重工业发展的速度，城市人口过于密集，一些公害问题及“拥挤症”便显现出来。早在明治初期，就发生过几起重大的矿山公害事件，如足尾铜山矿事件、日立矿山排烟公害案和别子铜山的排烟公害事件等。在工业化带来的城市病中，最难解决的就是因人口过分集中而带来的城市住宅问题。明治后，大量农村人口转移到东京、大阪等大城市，结果人满为患，而穷人只能居住在环境相当恶劣的贫民区。即使在工业化高峰的20世纪60年代，仍然有相当大一部分人生活在不良的住宅环境中。后来，住房条件虽已大大改观，但仍然不能与欧美相比，它们只能自嘲为住在“兔子窝”里。狭小的住房加上高昂的房价迫使大批市民搬到地价较便宜的郊外居住，这又反过来加剧了大城市中本已很严重的交通拥挤和道路堵塞问题。

第二，城市地价攀升给日本经济发展埋下了致命的祸患。土地问题是城市的根本问题。所谓住宅、交通、环境等条件恶劣皆是由于空间有限而造成的。土地的供不应求诱致地价上涨——这本符合很普通的供求规律。然而在日本，这一现象却显得特殊，从1955年到1972年的17年间，日本地价上涨了17.5倍。这是其他国家所不能比拟的，而它也作为重大诱因之一，导致了后来使日本经济陷入长期萧条的“泡沫经济”。

第三，城市负荷过重，生活环境恶化，给居民生活带来诸多不便。经济的快速发展使城镇化速度日益加快，同时市民的收入占消费水平也大幅提高。但与此伴随的是，居民的生活环境日趋恶化。随着工业化和城镇化的快速发展，一方面，以石油作为主要燃料的工矿企业排放的污染物急剧增加，使空气质量变差；另一方面，骤增的汽车尾气也使日益下降的空气质量雪上加霜。日本大约是在20世纪60年代中期到70年代中期完成汽车普及化的，甚至在汽车普及前几年空气污染程度已达到相当严重的地步。在东京、大阪和横滨等人口密集和人口密度较大的大城市中，当时每年要发出几十次甚至超出百次的光化学烟雾警报及注意的通知。到1992年7月，日本各类汽车的总拥有台数已达到6000万台。如此大量的汽车挤在本不算大的国土特别是主要挤在大城市中，不但本身造成了严重的空气污染，而且由其带来的交通拥挤也令人担忧。除此之外，由于人口过多造成的城市垃圾也急剧增加，特别在大城市尤为严重。夜以继日的垃圾搬运造成居民夜不能眠，沿途臭气冲天。爆发于1973年5月的被誉为东京“垃圾战争”的阻止垃圾车通过事件便是很好的明证。还有在日本较明显的“热岛”现象也是由于人口过于集中而造成的。

可以看出，日本的城镇化和西方其他发达国家的城镇化进程一样，都是以工业化为直接动力，以经济发展为物质基础，以科技、交通、信息等因素为有力支撑。战后日本根据人多地少、资源匮乏的现实条件，选择走高度集中城镇化战略，以求在城镇化过程中更加集约地使用土地和其他自然资源。日本城镇化道路最让人称道的是它在发展大都市区的同时，并不是孤立地发展大城市，置农村发展于不顾，而是有计划地实现城乡一体化。例如，日本城市和农村的地域空间不再作为稳定的地域而相互分割，而是作为一个大的整体受中央政府和地方政府统一规划管理，并可以根据实际需要，进行统一调整。所以日本各城市的城市建设计划就包括城乡两大主体的统规统建。又如，城市功能的设置不再限定于城市内，而是把周围农村地带也包括在内，呈放射型移动。城市里的商业和娱乐业的设置空间和建设规模是严格按照辐射圈范围的大小合理调整建设的（付恒杰，2003）。

从上述国家城镇化的历史进程中，可以明确地看到，虽然各国的经济基础、政治制度、地域条件、历史文化迥然不同，但城镇化的驱动力却有着共同的机制：劳动分工的演进和深化。有分工才有市场，有市场才有聚集，有聚集才有城市，随着城镇化的推进又使分工进一步深化。分工是聚集经济产生的根源，聚集经济是城镇化进程的基本动力，这是自发演进的过程。历史的发展证明了上述结论。当然如果人为限制要素流动也会影响城镇化的进程，并对城镇化的正常发展产生较大的影响。

对于发达国家而言，由于城镇化进程相对较早，在城镇化的前期，因为没有模板和案例可循，对于出现的诸如城市基础设施匮乏、城市贫困问题严重、城市污染严重、城市人居环境恶劣等问题，政府通常是被动应付。但是，随着城镇化水平不断提高，这种城市管理模式越来越难以应付城镇化所引发的各种严重的社会问题。于是政府开始积极转变管理理念，积极参与城市的发展建设，主动应对城市发展问题，逐步健全政府职能，引导和规划城市的合理发展。

我们可以看出，不管是基础设施匮乏、环境污染、资源浪费还是居住环境恶劣，其实都是城镇化质量不高的表现。许多国家在城镇化过程中都会产生同样的问题，英国、美国、日本等由于政府的干涉，相对较好地解决了这些问题，其城镇化质量相对较高。从这些国家的城镇化进程看，城镇化其实是自发演进的过程，而城镇化质量是需要政府来构建的。

7.2 提升内蒙古自治区城镇化质量的路径选择

7.2.1 提高生活水平的路径选择

如前所述，随着“产业结构变迁、经济增长、居民收入的提高，人们的需求层次不断提高，在这一过程中人的生活质量不断提高”。所以提高生活水平从促进经济增长和就业入手。

第一，抓住区域发展战略利用比较优势发展特色产业促进产业升级。内蒙古自治区要抓住中国实施“一带一路”、京津冀协同发展、建设“中蒙俄”走廊以及“加快建设制造强国，实施《中国制造2025》”的战略，充分利用自身优势发展特色产业促进产业升级（见专栏7-1）。各市应当提高城市创新能力和产业竞争力，促进城市产业的全面升级。因为各市发展的状态和条件不尽相同，所以选择的重点产业也应该有所差别。如呼和浩特市在传统第三产业进一步完善提高的基础上，大力发展现代服务业（见专栏7-2），使其在产业结构中的比例不断提升，并日益成为带动城市经济发展的重要支柱之一。同时高度关注“都市膨胀病”，提前着手考虑制定针对膨胀城市的政策，做到防患于未然。而包头市、鄂尔多斯市、乌兰察布市和乌海市大力发展特色优势产业是加快城市经济发展和提升产业竞争力的重要途径。要充分利用城市的比较优势，立足现有产业基础和资源优势，采用先进、适用技术改造提升传统特色优势产业，着力培育战略新兴产业，积极发展现代服务业。深入推进信息化建设，加大信息基础设施建设力度，同时积极推动经济社会各领域的信息化进程，优化城市资源配置，提升城市的综合实力，在全社会范围内实现信息资源的高度共享，使社会经济向高质量方向发展。通辽市、赤峰市、呼伦贝尔市和巴彦淖尔市应借鉴其他城市发展的理念和模式。其他城市的发展路径、经验及教训为这些城市提供了参考，因此可以通过寻找发展条件相近的城市，吸取其发展中的优点，避免其发展中的瑕疵，以求突破，实现跨越式发展，加快提高城镇化质量发展的速度，尽快缩小和其他城市的差距。

专栏 7－1

西部地区特色经济发展优势

1. 特色资源

矿产资源品种多、储量大，易建成大型能源矿产基地。西部矿产资源的现存特点：品种多、储量大、分布集中且与水资源（西北部分地区除外）配套条件比较好，便于规模开采，形成大型的能源、原材料工业基地。在全国已发现的 160 多种矿产资源中，西部均有发现，已探明一定储量的矿产有 130 多种，其中钒、钛、铜等近 30 种矿产储量居全国首位。按 45 种主要矿产探明保有储量的潜在价值计算，西部矿产资源拥有量占全国总量的 31.59%。

水资源丰富。西部地区水能资源丰富，发源于青藏高原地区的长江、黄河、澜沧江、怒江、雅鲁藏布江，以及发源于云贵高原的珠江，水能蕴藏量巨大。据统计，西部地区水能理论蕴藏量达 5.57 亿千瓦，其中可开发利用的水电资源 2.74 亿千瓦，分别占全国总量的 82.3% 和 72.3%。

广阔的土地是西部大开发潜力巨大的资源。西部地区虽然地域辽阔，土地面积占全国总面积的 57%，但由于多山地、丘陵和戈壁沙漠，耕地资源总量相对缺乏。1994 年底西部实有耕地面积 2255.2 万公顷，占全国耕地总面积的 23.8%。但从人均耕地拥有量来看，西部为 1.24 亩，高于全国平均水平（1.19 亩），也大大高于东部沿海地区（0.93 亩）。西部是我国可供开发的后备土地资源最多的地区，宜林荒山荒地和可利用天然草山草地等土地资源比较丰富。

2. 特色产业

西部的比较优势之一是产业发展空间广阔，地价相对便宜，工资水平低，资源与市场的开发潜力大。例如，四川、贵州的中药材丰富，可以迎合全球回归自然的浪潮，建立中药研发、生产和出口基地；新疆可以其著名的“一白一黑”优势资源发展棉纺和石油加工业等，这些带有鲜明地方特色的产业都有望成为地方的优势产业，并成长为地方经济发展的支柱。从长远来看，发展的关键在于既要规划经营好，又要生产工艺技术上水平高。

3. 特色产品

由于光、热、水、气等资源分布的差异和特色，开发西部绿色食品前途无量。例如，西部地区有许多特殊的瓜果，像甘肃的白兰瓜、新疆的葡萄、陕西的猕猴桃等很容易开发成能占领国际市场的绿色食品。再如，西部的土豆生产也很有优势。来自甘肃、宁夏、内蒙古的最新信息表明，土豆产业化正在崛起，将成为我国西部地区最具竞争力的新兴产业。

另外，西部地区有大量的知名品牌，有很多经过市场竞争、优胜劣汰后保存下来的有着高技术含量的特色企业，在特定的历史时期，这些企业为西部的经济发展已经做出了巨大的贡献。比如，西藏的藏医藏药，甘肃的百合，陕西的驴肉，云南的烟草，贵州的茅台，四川的五粮液、泸州老窖、剑南春等，都有着巨大的价值含量。

——李澜、张丽君《论西部地区民族经济发展中的特色经济开发》

专栏7-2

第三产业是城市化进程的加速器

随着城市的不断发展，其职能更加复杂化和多样化，第三产业的比重逐渐增大，工业化对城市化的带动作用减弱，第三产业逐渐成为城市化的主要驱动力，加速了城市化的进程。企业生产的进一步发展要求城市提供更多、更好的生产配套性行业，如运输、金融、广告、科技、咨询等行业的发展带动了城市化；随着收入的增加和闲暇时间的增多，人们对丰富多彩的生活消费性服务增加，住房、购物、文化教育、体育娱乐、旅游度假等相关第三产业的快速发展，增加城市的就业机会；第三产业的大量发展，进一步强化了城市的现代科教中心、文艺中心、政治中心的地位，使现代居民的现代文明程度得到提高。

可以说，第三产业的发展是加速城市化进程的原动力。城市化就是在一定的地理空间范围内第二产业、第三产业生产区位的形成和发展以及与其相伴形成的消费区位的形成和聚集过程，城市的发展主要表现为第二产业、第三产业的成长。产业本身的聚集效应以及产业之间的关联效应使第二产业、第三产业产生乘数效应，进一步促进各种资源聚集和城市发展，从而对城市化进程起到加速作用。

——董永在、冯尚春《英、法城市化进程的特点及其对我国的借鉴》

第二，实施更加积极的就业政策。如前所述，随着收入的增加，人们的需求层次会提高，而这些需求的满足也会提高生活的质量，对多数居民而言收入的增加有赖于稳定的工作。“十三五”规划指出“促进就业创业。坚持就业优先战略，实施更加积极的就业政策，创造更多就业岗位，着力解决结构性就业矛盾。完善创业扶持政策，鼓励以创业带就业，建立面向人人的创业服务平台。统筹人力资源市场，打破城乡、地区、行业分割和身份、性别歧视，维护劳动者平等就业权利。加强对灵活就业、新就业形态的支持，促进劳动者自主就业。落实高校毕业生就业促进和创业引领计划，带动青年就业创业。加强就业援助，帮助就业困难者就业。推行终身职业技能培训制度，实施新生代农民工职业技能提升计划。开展贫困家庭子女、未升学初高中毕业生、农民工、失业人员和转岗职工、退役军人免费接受职业培训行动。推行工学结合、校企合作的技术工人培养模式，推行企业新型学徒制。提高技术工人待遇，完善职称评定制度，推广专业技术职称、技能等级等同大城市落户挂钩做法。提高劳动力素质、劳动参与率、劳动生产率，增强劳动力市场灵活性，促进劳动力在地区、行业、企业之间自由流动。建立和谐劳动关系，维护职工和企业合法权益。完善就业服务体系，提高就业服务能力。完善就业失业统计指标体系。”

把促进就业放在经济社会发展目标的优先位置，实行积极的就业政策。借鉴国际上通行的就业/失业界定标准，完善就业调查和统计制度，并将就业/失业列入地方政府绩效考核的体系并赋予较高的权重。大力发展劳动密集型产业、服务业和小型微型企业，扩大就业创业规模。在内蒙古自治区经济结构的调整和转型时期，要加强环境保护和资源的节约利用，保护劳动者权益。对于城市人力资本薄弱的职工，积极的就业政策应更加侧重于提高他们的就业能力。对大学生就业群体，给予适度的社会保护和积极实习培训、中介等公共就业服务（见专栏7－3）。

专栏7-3

城市化促进就业的机制

从经济学的角度考察，城市化进程中促进劳动力就业缘于下列机制：

第一，产业效应——增加社会就业的基础。产业效应即产业量的扩张与质的提高，它是增加社会就业的基础，其中工业和服务业是吸纳就业最直接的载体。在工业化过程中，城市以其规模化和集约化成为吸纳就业人口的最大平台。城市化过程之所以能够创造更多的就业机会，不仅体现在工业发展对劳动力的大量需求，更主要体现在服务业崛起对劳动力的大量需求，不仅需要大量的劳动力从事第二产业，而且需要大量的劳动力从事商贸、流通、服务业。第二产业、第三产业对劳动力的大量需求，既加快了这些产业的发展，同时也加快了城市化的进程。

第二，聚集效应——扩大城市就业容量。城市的聚集效应主要体现在产业聚集和人口聚集两个方面。在城市化进程中，企业之间彼此聚集，共享某些公共投入，如城市基础设施、商业信息、公共资本等。由于这些公共投入或准公共投入具有非排他性和非竞争性，一个企业使用这些投入不会影响其他企业同时使用，因而企业彼此聚集的结果可以显著地降低各自的生产经营成本。这时即使那些不具有规模报酬递增的企业，只要这种因规模报酬递增带来的好处没有穷尽，便会不断地扩张生产，以便从平均成本的不断下降中获益，在这一过程中，企业自然会雇用更多的工人。这样，当不同的企业在空间上聚集在一起以寻求更高的效率和收益时，必然形成城市产业聚集，城市就业容量也因此相应增加。从而直接导致城市规模的扩容，在扩容过程中，各种消费需求随之增加，于是又创造出许多新的就业岗位。在产业集聚和人口集聚的互动中，也加快了城市化进程。

第三，外溢效应——转移农村劳动力就业。城市在其发展中对周边地区农村产生一定的经济辐射，不仅带动这些地区的经济发展，而且城市居民相对的高收入、高生活水平也吸引农村劳动力流向城市。城市化水平越高，越能使他们从农业生产中转移出来，到城市中寻找到发挥其自身优势的工作机会，这就是城市外溢效应转移农村劳动力就业的诠释，也是推进城市化的重大意义所在。改革开放以来，城乡之间存在的收入水平差距，吸引着农村劳动力从农村向城市流动，城市的这种溢出效应产生了对农村劳动力的拉力。劳动力从农业向非农产业、从农村向城市转移，是经济发展过程中的规律。

——李国友《论城市化促进就业》

7.2.2　提高宜居程度的路径选择

我们衡量宜居程度的具体指标为教育、文化、卫生、基础设施以及生活环境五项指标。因此也要从这几方面提高宜居程度。

第一，加大对公共服务的投入力度。“十三五”规划指出“增加公共服务供给。坚持普惠性、保基本、均等化、可持续方向，从解决人民最关心、最直接、最现实的利益问题入手，增强政府职责，提高公共服务共建能力和共享水平。加强义务教育、就业服务、社会保障、基本医疗和公共卫生、公共文化、环境保护等基本公共服务，努力实现全覆盖。加大对革命老区、民族地区、边疆地区、贫困地区的转移支付。加强对特定人群特殊困难的帮扶。”面对城乡居民全面快速增长的公共需求，我国公共产品供给远不能适应这个变化趋势。国际经验表明，公共产品供给不足会造成各种社会问题，而供给过度又会降低经济运行效率。从实际情况来看，政府不可能包揽各类公共产品，也不可能搞过高的福利。因此，未来一个时期需要尽快解决好与城乡居民利益直接相关、广大群众要求强烈的基本公共产品的供给，如义务教育、公共卫生和医疗服务、社会保障、公共就业服务、公共文化、公共安全和生态环境。

为此要坚持以人为本、服务为先，履行政府公共服务职责，提高政府保障能力。要合理确定各级政府间公共服务的事权。中央政府应当负责制定公共服务的范围、内容、标准、规则、法律以及部分领域的规划，在此基础上，中央政府应当负责全体社会成员无差别享有的、不能市场化的、体现社会公平的最基本公共服务。若保持目前中央财政占国家财政收入的比重不变，义务教育、社会保障、基本医疗等基本公共服务应调整为由中央政府负全责。省级政府负责公共性相对差一些的公共服务，包括高中阶段教育和高等教育中负担的部分、社会救助、促进就业、区域性防灾减灾、社会治安、公共文化等。城市政府应当负责受益对象十分明确地保障城市运营和功能所必需的市政公用事业的供给，如城市道路和桥梁、公交、城市污水和垃圾处理、城市公园和绿地、城市水源地保护、廉租房等。

推动城市公共服务供给模式改革，实现供给方式多样化，如可采用政府直接供给、特许经营供给、市场供给等多种方式。鼓励包括境外资本在内的各种社会资本，以合资、合作或委托经营等方式参与城市公共服务的提供。要把解决好弱势群体公共服务问题作为城市政府的重要工作。并在投入上、工作上不断加大力度（中国发展研究基金，2010）。

第二，走可持续的绿色城镇化之路。对日益严峻的资源与环境约束，必须充分吸取其他国家和地区在城镇化过程中的教训，着力加快发展方式转变与经济结构调整，使城市发展更紧凑、更集约，走资源节约、环境友好、适宜人居的城镇化道路。“十三五”规划也指出“生态环境质量总体改善。生产方式和生活方式绿色、低碳水平上升。能源资源开发利用效率大幅提高，能源和水资源消耗、建设用地、碳排放总量得到有效控制，主要污染物排放总量大幅减少。”

推进城镇化要根据不同城市的资源环境承载能力，实行针对性更强的不同方式的开发。对城市中的产业以及功能区要合理布局，加强城际之间、城乡之间的分工协作，创造宜居的、共享的城市环境。理顺资源和能源领域的价格和税收机制，充分发挥价格和税收在节约资源保护环境中的杠杆作用。通过明确产权和贯彻实施“使用者付费”“污染者付费”的原则，将经济生产和生活中的外部成本内部化。充分发挥科技领先的作用，推广交通节能和建筑节能，大力发展公共交通，尤其是城市和城际轨道交通。实施公共交通优先发展战略，大力发展城市公共交通系统，提高公共交通出行分担比率。科学制定城市轨道交通技术路线，规范建设标准，有序推进轻轨、地铁、有轨电车等城市轨道交通网络建设。积极发展地面快速公交系统，提高线网密度和站点覆盖率。优化换乘中心功能和布局，提高出行效率。加强环境评估与社会监督，不断完善对公共与民营部门的环境考评机制。在事前、事中和事后的各个环节上，加强全社会对企业投资、生活过程、公用事业建设及政策执行的监督（中国发展研究基金会，2010）。

7.2.3　提高城市发展潜力的路径选择

“教育投入是支撑国家长远发展的基础性、战略性投资，是教育事业的物质基础，是公共财政的重要职能”。陈志昂等（2011）以我国1953～2009年科技投入与经济增长的有关变量为基础，研究表明，我国经济增长与科技投入之间存在明显的双向因果关系，科技投入较大程度地促进了我国的经济增长，同时经济的发展也推进了科技研究的更大投入。但是，多年来中国各省份对于教育和科技的投入远远不够，城市技术进步对经济增长的贡献也远低于发达国家。“十三五”规划中指出，“创新是引领发展的第一动力，必须把创新摆在国家发展全局的核心位置，不断推进理论创新、制度创新、科技创新、文化创新等各方面创新，让创新贯穿党和国家一切工作，让创新在全社会蔚然成风”。而创新离不开教育和科学研究。因此，提升城市发展潜力的过程就是为创新夯实基础的过程。

第一，持续增加教育投入。《国家中长期教育改革和发展规划纲要（2010～2020年）》（以下简称《纲要》）指出“教育是民族振兴、社会进步的基石，是提高国民素质、促进人的全面发展的根本途径，寄托着亿万家庭对美好生活的期盼。强国必先强教。优先发展教育、提高教育现代化水平，对实现全面建成小康社会奋斗目标、建设富强民主文明和谐的社会主义现代化国家具有决定性意义。”截至2016年，内蒙古自治区全区整体文化素质在不断提高，全区6岁及以上人口受教育年限达到9.3年，比2010年人口普查时提升0.3年，但仍未达到全国同期水平。2016年，自治区财政性教育支出为554.97亿元，占地方一般公共预算支出12.30%，低于全国平均水平4.3个百分点。财政性教育经费占GDP的3.06%，低于全国平均水平0.53个百分点[①]。重视和支持民族教育事业。《纲要》中还提出“全面提高少数民族和民

① 内蒙古自治区人均受教育年限落后全国，人才匮乏系“瓶颈”［EB/OL］. 经济日报—中国经济网，2017-12-06.

族地区教育发展水平。公共教育资源要向民族地区倾斜。中央和地方政府要进一步加大对民族教育支持力度。”内蒙古自治区要以此为契机，一方面争取中央的投入，另一方面自身要加大教育投入，创造良好的学习、科研环境，深入实施科教兴国战略和人才强国战略，提高教育现代化水平。

第二，实施科技创新提升城镇化质量战略。未来五年，我国科技创新工作将紧紧围绕深入实施国家“十三五”规划纲要和创新驱动发展战略纲要，有力支撑“中国制造2025”“互联网+”、网络强国、海洋强国、航天强国、健康中国建设、军民融合发展、“一带一路”建设、京津冀协同发展、长江经济带发展等国家战略实施，充分发挥科技创新在推动产业迈向中高端、增添发展新动能、拓展发展新空间、提高发展质量和效益中的核心引领作用①。内蒙古自治区要紧密结合国家重大战略，整合创新资源，按照“十三五”国家科技创新规划的要求“围绕改善民生和促进可持续发展的迫切需求，加大资源环境、人口健康、新型城镇化、公共安全等领域核心关键技术攻关和转化应用的力度，为形成绿色发展方式和生活方式，全面提升人民生活品质提供技术支撑。围绕新型城镇化领域的‘瓶颈’制约，针对绿色、智慧、创新、人文、紧凑型城市建设，以系统工程理念为出发点，尊重城市发展规律，创新和改进规划方法，把生态环境承载力、历史文脉传承、绿色低碳等理念融入规划设计全过程，通过科技创新统筹引领城市规划、建设、管理等各个环节，研发系统性技术解决方案。力争到2020年形成较为完备的新型城镇化建设和发展理论体系、共性关键技术和标准规范体系，推动城镇可持续人居环境建设和公共服务功能提升，有力保障中国特色新型城镇化建设”。

① “十三五”国家科技创新规划。

第8章 研究结论及有待进一步研究的问题

8.1 研究的主要结论

本书在清晰界定城镇化质量内涵的基础上构建出城镇化质量问题的分析框架，并以内蒙古自治区各地级市的市辖区为研究对象，对2000～2015年内蒙古自治区各市城镇化质量进行了理论解释与实证分析，得出如下主要结论：

第一，城镇化质量即生活质量，城镇化质量提高的过程就是居民消费商品和服务种类越来越丰富、数量越来越多，而且生活成本相对下降的过程，这一过程包含健康、教育、住房、就业、安全、环境等多个方面的内容。具体范围包括城镇化过程方面的生活水平、宜居程度、城市发展潜力和城镇化结果方面的城乡一体化。

第二，2000～2015年内蒙古自治区的城镇化质量基本上呈现出持续上升的态势。具体来看，在2000～2003年城镇化质量缓慢上升，2003年之后至2015年一直处于较快提高的过程之中。城镇化质量指数在不同时段具体的变化趋势与宜居程度方面指数的变动趋势基本保持一致，说明的是随着宜居程度的改变，城镇化质量也随之改变，但这并不意味着内蒙古自治区的宜居程度已经处于非常好的状态，只要它相对于原有的基础水平取得了进步，体现在指数方面上就是其综合评价值的增加；对城镇化质量的提高贡献最大的是生态环境的改善，这和近年来国家的指导思想和政策导向密切相关；内蒙古自治区城市环境保护与生态建设工作总体已初见成效，但这并不意味着内蒙古自治区各市的生态环境已经处于非常好的状态，只是环境问题得到越来越多的关注和重视，相比之前有了一些改善。

第三，城镇化质量明显呈现中部凸起两端塌陷的特征。在地理空间上，内蒙古自治区城镇化质量呈现明显的中部凸起两端塌陷的特征。城镇化质量位列前三位的均为内蒙古自治区中部鄂尔多斯市、呼和浩特市和包头市，而内蒙古自治区西部的巴彦淖尔市、东部地区的呼伦贝尔市、通辽市和赤峰市的城镇化质量位列后四位。

8.2 有待进一步研究的问题

由于对城镇化质量问题的讨论才刚刚开始，现有相关文献主要集中于城镇化质量内涵的界定以及度量等基础性问题的研究上，本书尝试在城镇化质量内涵界定的基础上，对2000~2015年内蒙古自治区城镇化质量问题进行理论解释与实证分析。从研究的进展来说，城镇化质量问题仍是在理论与实证上需要进一步系统研究的主题，有待于进一步研究的问题如下：

第一，城镇化质量问题成熟的、系统的理论分析框架的形成。城镇化质量不是一个单一的概念，它包含着极其丰富的内涵，这就决定了城镇化质量问题研究的复杂性。尽管本书尝试构建了城镇化质量的分析框架，但它只是完成了较简单的一些基础性工作，仍然需要进一步的成熟与完善。正如城镇化数量问题的分析框架在经历了200多年的发展之后，仍在不断地进行补充与调整一样。成熟系统的城镇化质量分析框架也需要一个较长的时期，需要众多研究者的不懈努力才可能完成。

第二，城镇化质量各维度之间的关系问题。城镇化质量包含着非常丰富的内涵，不仅各维度即生活水平、宜居程度、城市发展潜力以及城乡一体与城镇化质量之间存在密切的关系，而且各个构成维度之间也是有着相互作用的，各维度之间的关系非常错综复杂。由于论文篇幅容量的限制，本书只考察了各维度与城镇化质量的相互关系，并没有对各个维度之间的关系进行分析。因此，城镇化质量各维度的关系是未来研究中需要重点考察的内容。

第三，城镇化质量的阶段性。城镇化质量的特征及问题在不同阶段表现不同。在城镇化发展的早期阶段，基本物质条件没有具备，因此，城镇化数量的扩张是城镇化发展的重点；而当城镇化处于更高阶段时，城镇化质量将会越来越重要，城镇化数量的扩张与城镇化质量提高的有机统一成为发展的关键。遗憾的是，要从实证上发现城镇化质量的阶段性及其特征需要更为完备详细的微观数据，而内蒙古自治区的数据难以满足这一要求，不过这可以作为未来的研究方向。

参考文献

[1] Amos Jr. , O. M. Unbalanced regional growth and regional income inequality in the latter stages of development [J] . Regional Science and Urban Economics, 1988 (4): 549 -566.

[2] Aschauer P. , J. Greenwood. Macroeconomic effects of fiscal policy [J] . Carregie - Roches - ter Conference Series on Public Policy, 1985, 23: 91 -138.

[3] Barro, R. J. and Sala - i - Martin, X. Economic Growth [M]. MA: MIT Press, 2003.

[4] B. Q. Hu. Evaluating the smart land use of small towns in the context of Chinese new - type urbanization: A case study of Shanglin County in South China [A] . Proceedings of the International Conference on Energy and Environmental Engineering (ICEEE 2014) .

[5] Barro Robert J. Macroeconomics [M] . New York, John Wiley and Sons, 1990.

[6] Barro Robert J. Government spending in a simple model of endogenous growth [J] . Journal of Political Economics, 1990, 98: 103 -125.

[7] Barro, R. J. Determinants of Economic Growth [M] . MA: MIT Press, 1997.

[8] Baumol, William J. Productivity Growth, Convergence, and

Welfare: What the Long – Run Data Show [J] . The American Economic Review, 1986 (76): 1072 –85.

[9] Bernat, Jr. , G. Andrew. Convergence in State Per Capita Personal Income, 1950 - 1999 [J] . Survey of Current Business, 2001 (6): 36 –48.

[10] Bradley Lukingham. The American Southwest: An Ur – ban View [J] . Western History Quarterly, 1984 (7): 25 –36.

[11] Carlino, G. A. and L. O. Mills. Are the US Regional Incomes Converging? A Time Series Analysis [J] . Journal of Monetary Economics, 1993 (32): 335 –346.

[12] Zang Fang. Dynamic changes and driving factors of land use under new –type urbanization: A case of Guiyang [J] . Ecological Economy, 2015.

[13] Dowrick, S. Technological Catch – Up and Diverging Incomes [J] . Economic Journal, 1992 (5) .

[14] Durlauf, Steven. and Paul A. Johnson. Multiple Regimes and Cross – Country Growth Behavior [J] . Journal of Applied Econometrics, 1995 (10): 365 –384.

[15] Diener, E. , Suh, E. Measuring quality of life: economic, soccial, and subjective indicators [J] . SocialIndicators Research. 1997, 401 (2): 189 –216.

[16] Department of Housing and Urban Development. Stateof the Cities 2000 [J/OL] . http: //www. novoco. com/Research – Center/cities. pdf.

[17] Duffy –Deon K T, R W Eberts. Public infrastructure and regional economic develop –ment: A simultaneous approach [R] . Working Pa-

per No. 8909 (Federal Reserve Bank, Cleveland, OH), 1989.

[18] Etsuro Shioji. Public capital and economic growth: A convergence approach [J]. Jour－nal of Economic Growth, 2001, 6: 205－227.

[19] Institute of Economic and Resources Management, Beijing Normal University. Review of the EU's Preliminary Assessment of China's Market Economy Status [J]. China & World Economy, 2005 (2).

[20] Jingjing Zhao, Mengyang. Wang. A novel assessment of urbanization quality and its applications [J]. School of Environmental Science and Engineering. 2018.

[21] Kai Wang. Urbanization Quality and Human Settlement Construction [J]. China City Planning Review. 2014.

[22] K. Frank, B. Müller. How to cope with Global Change? On the potential of ecological－economic modelling for institutional design [A]. Proceedings of the XXI International Grassland Congress and the VIII International Rangeland Congress (volume Ⅱ) [C]. 2008.

[23] Mark Yaolin Wang. Revisiting and Rethinking Regional Urbanization in Changjiang River Delta, China [J]. Chinese Geographical Science, 2012 (5).

[24] Rui Yuan. Livable City Standards and Development in China [J]. China & World Economy, 2005 (5).

[25] Reham Momtaz, Yasmeen Elsemary. Qualitative Conceptions of Livability between Theory and Applications in Egypt. Proceedings of International Conference on IT, Architecture and Mechanical Engineering (ICITAME2015, UAE) [C].

[26] TAN Xi－han. Research on the Construction Mode of Character-

istic Towns from the Vision of New Urbanization in China—A Case Study of Jingrong Town in Chengdu. Proceedings of 2017 International Conference on PublicAdministration (12th) & International Symposium on West African Studies (1st) (Volume II) [C].

[27] Sam Bass Warner. The Urban Wildness: A History of the American City [M]. New York: Harper & Row, Publishers, 1972.

[28] Wang Deli, Fang Chuanglin, GaoBoyang, Huang Jinchuan, Yang Qingshan. Measurement and Spatio – temporal Distribution of Urbanization [J]. Chinese Geographical Science. 2011.

[29] Wu Hongxia, Zhaoshuang, Jin Yiduo. New urbanization level measurement based on the ecological civilization perspective of Critic [J]. Enterprise economic. 2016.

[30] Yanna He. Research on Ways of Private Enterprises in Participating in New Urbanization of Zhengzhou City [A]. Proceedings of the 2015 International Conference on Economics, Management, Law and Education (EMLE 2015) [C].

[31] Zhang Chunling, Wu Hongxia, Zhao Shuang. A Research on Measure of New Urbanization Development Quality Based on Entropy Method—Taking Hebei Province as an Example [J]. International Journal of Computational and Engineering (September 2016 V1 N3).

[32] 阿尔弗雷德·格雷纳. 财政政策与经济增长 [M]. 北京: 经济科学出版社, 2000.

[33] 阿瑟·奥沙利文. 城市经济学 [M] (第四版). 北京: 中信出版社, 2002.

[34] 埃德加·M. 胡佛. 区域经济学导论 [M]. 王翼龙译, 北京: 商务印书馆, 1990.

［35］安晓明．我国“一带一路”研究脉络与进展［J］．区域经济评论，2016.

［36］安树伟，刘晓蓉．区域政策手段比较及我国区域政策手段完善方向［J］．江淮论坛，2010（3）：36－40.

［37］安树伟，任媛．“十一五”以来我国区域经济发展的新态势与新特点［J］．发展研究，2009（9）：9－14.

［38］安树伟．城镇体系的演变趋势与结构优化［A］．潘家华，魏后凯．中国城市发展报告［C］．北京：社会科学文献出版社，2010：117－135.

［39］白永秀．后改革时代的关键：城乡经济社会一体化［J］．经济学家，2010（8）：84－89.

［40］白先春，凌亢，郭存芝．城市发展质量的综合评价——以江苏省13个省辖市为例［J］．中国人口·资源与环境，2004（6）：91－95.

［41］白先春．我国城镇化进程的计量分析与实证研究［D］．河海大学，2004.

［42］陈志昂，胡贤龙．我国科技投入与经济增长关系的实证分析［J］．山东经济，2011（1）：16－20.

［43］陈明，张云峰．城镇化发展质量的评价指标体系研究［J］．中国名城，2013（2）．

［44］包一玫．内蒙古自治区城镇居民生活质量发展变化分析［J］．中国乡镇企业会计，2012（5）：238－239.

［45］包一玫．内蒙古自治区教育投入实证分析［J］．经济论坛，2011（5）：104－106.

［46］陈伯庚，陈承明．新型城镇化与城乡一体化疑难问题探析［J］．社会科学，2013（9）：34－43.

［47］崔晴晴．城镇化对城乡基础教育投入均等化的影响研究［J］．现代国企研究，2016（10）：113.

［48］董宁，韩兴国，邬建国．内蒙古自治区鄂尔多斯市城镇化时空格局变化及其驱动力［J］．应用生态学报，2012，23（4）：1097－1103.

［49］崔建高．海关支持“一带一路”建设路径及策略探析——以支持中蒙俄经济走廊建设为例［J］．海关与经贸研究，2016.

［50］蔡孝箴．城市经济学［M］．天津：南开大学出版社，1998.

［51］钞小静，任保平．中国经济增长质量的时序变化与地区差异分析［J］．经济研究，2011（4）：26－40.

［52］钞小静，惠康．中国经济增长质量的测度［J］．数量经济技术经济研究，2009（6）：75－86.

［53］钞小静．经济增长质量：一种理论解释及中国的实证分析［C］．西北大学，2009.

［54］柴文佳，王立会．城镇化质量研究综述［J］．现代交际，2011（3）：48－49.

［55］陈强，鲍悦华．城市发展质量评价：视角与指标体系［J］．同济大学学报（社会科学版），2006（6）：40－46.

［56］陈晓毅．广西城镇化发展质量的区域差异分析——基于熵值法的实证研究［J］．广西财经学院学报，2011（5）：24－27.

［57］陈雨军，陈爱民．中国城镇化——实证分析与对策研究［M］．厦门大学出版社，2002.

［58］陈勇军．中国城镇化：实证分析与对策研究［M］．厦门：厦门大学出版社，2002.

［59］陈玉梅．东北地区城镇道路［M］．北京：社会科学文献出

版社，2008.

［60］陈秀山，张可云．区域经济理论［M］．北京：商务印书馆，2003.

［61］陈颐．中国城镇化和城市现代化［M］．南京：南京出版社，1995.

［62］成德宁．城镇化与经济发展——理论、模式与政策［M］．北京：北京科学出版社，2004.

［63］段禄峰．城镇化发展速度测度及政策选择［J］．统计与决策，2016.

［64］段禄峰．基于 AHP 法的城镇化发展质量评估体系研究——以西安市为例［J］．西安石油大学学报（社会科学版），2016.

［65］邓祥征．中国西部城镇化发展模式研究［J］．农村金融研究，2012.

［66］杜栋，庞庆华．现代综合评价方法与案例精选［M］．北京：清华大学出版社，2005.

［67］董宁，韩兴国，邬建国．内蒙古自治区鄂尔多斯市城镇化时空格局变化及其驱动力［J］．应用生态学报，2012，23（4）：1097－1103.

［68］杜明月，张玉智．河南省教育对城镇化发展的研究分析［J］．科技创新与生产力，2016（9）：55－60.

［69］樊纲，武良成．城镇化：一系列公共政策的集合着眼于城镇化的质量［M］．北京：中国经济出版社，2010.

［70］方创林．中国新型城镇化发展报告［M］．北京：科学出版社，2014.

［71］冯煜雯．陕西新型城镇化质量综合评价及空间分异研究［J］．理论导刊，2015.

[72] 付恒杰．日本城镇化模式及其对中国的启示［J］．日本问题研究，2003（4）：18－21.

[73] 冯云廷．城市聚集经济［M］．大连：东北财经大学出版社，2001.

[74] 巩红禹．内蒙古自治区新型城镇化综合评价分析［J］．中国乡镇企业会计，2014（8）：5－7.

[75] 郭海清，申秀清．内蒙古自治区三次产业结构发展及对GDP贡献的实证研究［J］．经济问题，2013（5）：126－129.

[76] 巩红禹．区域新型城镇化健康发展评价分析——以内蒙古自治区为例［J］．经济论坛，2014（7）：95－102.

[77] 辜胜阻．非农化与城镇化研究［M］．杭州：浙江人民出版社，1991.

[78] 郭鸿懋，江曼琦等．城市空间经济学［M］．北京：经济科学出版社，2002.

[79] 顾华详．促进西部科技创新事业发展的策略研究［J］．重庆大学学报（社会科学版），2003.

[80] 郭志刚．社会统计方法——SPSS 软件应用［M］．北京：中国人民大学出版社，1999.

[81] 谷晓江．西部城镇化——加快中国现代化进程必须解决的重大问题［J］．小城镇建设，2010.

[82] 顾朝林．经济全球化与中国城市发展［M］．北京：商务印书馆，1999.

[83] 高佩义．中外城镇化比较研究［M］．天津：南开大学出版社，1991.

[84] 何平，倪苹．中国城镇化质量研究［J］．统计研究，2013，30（6）：11－18.

［85］何文举，邓柏盛，阳志梅．基于“两型社会”视角的城镇化质量研究——以湖南为例［J］．财经理论与实践，2009（6）：118－121.

［86］韩欣芸，张建新．内蒙古自治区城镇化问题研究［J］．前沿，2015（4）．

［87］侯萃萃．东北地区城镇化质量研究［D］．吉林大学硕士学位论文，2010，5.

［88］侯学英．中国城镇化进程时空差异分析［M］．北京：经济科学出版社，2008.

［89］郝寿义，安虎森．区域经济学［M］．北京：经济科学出版社，2004.

［90］惠宁，熊正潭．城镇化、对外开放与城乡收入差距——基于西安市1990~2010年时间序列的实证研究［J］．西安财经学院学报，2012，25（5）：39－42.

［91］卡尔·艾博特．大都市边疆——当代美国西部城市［M］．北京：商务印书馆，1998.

［92］李明秋，郎学彬．城镇化质量的内涵及其评价指标体系的构建［J］．中国软科学，2010（12）：182－186.

［93］刘天宝．中国地级以上城镇化质量特征及空间差异分析［D］．辽宁师范大学硕士学位论文，2010.

［94］李琪，安树伟．中国地级及以上城市不同城镇化质量类型划分及比较研究［J］．经济问题探索，2012（12）：54－61.

［95］李琪．中国城镇化质量区域差距比较研究［J］．财经理论研究，2017（5）．

［96］李彬，韩增林，张坤领．辽宁省城镇化质量与速度协调状况分析［A］．城市问题，2015（5）．

［97］靳刘蕊．中国城镇化质量的因子分析［J］．山西统计，2003（11）：9－10.

［98］李树琼．中国城镇化与小城镇发展［M］．北京：中国财政经济出版社，2002.

［99］刘春燕．新疆城镇化质量评价［J］．新疆社会科学，2009（5）：40－43.

［100］李善同．西部大开发中城镇化道路的选择［J］．城市发展研究，2001.

［101］刘传江，郑凌云．城镇化与城乡可持续发展［M］．北京：科学出版社，2004.

［102］刘丹伟．西部新型城镇化质量测算研究［D］．湘潭大学硕士学位论文，2015.

［103］刘传江．中国城镇化的制度安排与创新［M］．武汉：武汉大学出版社，1999.

［104］吕玉印．城市发展的经济学分析［M］．上海：上海三联书店，2008.

［105］刘应杰．中国城乡关系与中国农民工人［M］．北京：中国社会科学出版社，2009.

［106］刘芬．城镇化与工业化互动关系的实证分析——以重庆为例［J］．劳动保障世界，2017.

［107］刘思恩．“一带一路”研究成果概览［J］．俄罗斯东欧中亚研究，2016.

［108］李晶，庄连平，舒书静．城镇化质量与产业结构协调发展度的测算［J］．经济实证，2014，19（30）.

［109］刘素冬．对我国城镇化质量的深度思考［J］．苏州科技学院学报（社会科学版），2006（2）：21－23.

［110］刘伯霞．西部城镇化质量问题及其提升路径研究［J］．中国名城，2015.

［111］吕晓荷．内蒙古自治区新型城镇化的内涵反思和路径探索//中国城市规划学会．城市时代，协同规划——2013 中国城市规划年会论文集（10－区域规划与城市经济）［C］．中国城市规划学会，2013：14.

［112］林劲松．宜居理论与当前我国城镇化发展［J］．现代经济探讨，2010（6）：64－67.

［113］蓝庆新，郑学党，韩雨来．我国人口城镇化质量发展的空间差异研究［J］．社会科学，2013（9）：50－61.

［114］卢淑华．社会统计学［M］．北京：北京大学出版社，2005.

［115］马永欢，张丽君，徐卫华．科学理解新型城镇化　推进城乡一体化发展［J］．城市发展研究，2013，20（7）：98－103.

［116］马震．西部地区城镇化发展模式研究——以青海省为例［J］．柴达木开发研究，2013.

［117］梅姝娥．科技创新政策体系及其协调性［J］．科技管理研究，2016.

［118］聂雨薇，韩丽萍，滕英霞．内蒙古自治区城镇化现状及问题分析［J］．煤炭经济研究，2012，32（4）：39－42.

［119］牛文元．智慧城市是新型城镇化的动力标志［J］．中国科学院院刊，2014（1）.

［120］倪鹏飞．中国城市竞争力理论研究与实证分析［M］．北京：中国经济出版社，2001.

［121］秦腾，章恒全，佟金萍，马剑锋．城镇化进程中居民消费对水资源消耗的影响效应研究［J］．软科学，2016（12）.

［122］钱纳里．发展的型式（1950～1970）［M］．北京：经济科学出版社，1988.

［123］钱纳里，鲁宾逊，赛尔奎因．工业化和经济增长的比较研究［M］．北京：商务印书馆，1990.

［124］饶会林．城市经济学［M］．大连：东北财经大学出版社，1999.

［125］山田浩之．城市经济学［M］．大连：东北财经大学出版社，1991.

［126］孙春花．内蒙古自治区城镇化之评价与思考［J］．中国统计，2014（1）：27－28.

［127］宋利军．内蒙古自治区地级市城镇化的现状及发展思路［J］．北方经济，2007（14）：63－64.

［128］孙东琪．2015～2030 年中国新型城镇化发展及其资金需求预测（英文）［J］．Journal of Geographical Sciences，2017.

［129］石玉斌．城镇化、收入差距与房价波动——基于西部地区面板数据的实证分析［J］．企业导报，2015（6）．

［130］佟景洋．内蒙古自治区城镇化道路探析［J］．内蒙古自治区统战理论研究，2014（6）：37－41.

［131］佟冬．新型城镇化道路探索——以内蒙古自治区赤峰市为例［J］．经济视角（上旬刊），2014（7）：7－8＋34.

［132］田艳平，王佳．城镇化对城乡基础教育投入均等化的影响［J］．中国人口·资源与环境，2014，24（9）：147－155.

［133］陶恒．中国西部地区城镇化发展研究［D］．西南财经大学硕士学位论文，2004.

［134］泰阳．内蒙古自治区参与中蒙俄经济走廊建设的 SWOT 分析及路径探讨［J］．现代营销（下旬刊），2017.

［135］王忠诚．城镇化质量测度指标体系研究——以我国直辖市为例［J］．财经问题研究，2008（6）：32－33.

［136］王德利，方创琳，杨青山，李飞．基于城镇化质量的中国城镇化发展速度判定分析［J］．地理科学，2010（5）：643－650.

［137］王晓慧．内蒙古自治区城镇化质量研究［D］．内蒙古自治区民族大学硕士学位论文，2016.

［138］王业强．科技创新驱动区域协调发展：理论基础与中国实践［J］．中国软科学，2017.

［139］王怡睿．中国城镇化质量时空演变研究［J］．经济地理，2016.

［140］温雪．中国西部城镇化与居民消费需求关系的实证研究——基于1995～2012年Pannel Data模型分析［J］．消费经济，2015.

［141］吴文倩，曹明明．城镇化进程中西安市土地利用变化研究［J］．西安财经学院学报，2008（1）：118－121.

［142］乌兰．我国西部地区财政科技投入：规模、结构及效率分析——以内蒙古自治区为例［J］．中国行政管理，2014（4）：90－94.

［143］王春枝，刘燕．内蒙古自治区区域城镇化发展质量综合评价［J］．经济论坛，2013（11）：34－37.

［144］王汉祥，王美萃，马占新．内蒙古自治区地区劳动力就业和产业结构演进的关系分析［J］．内蒙古自治区社会科学（汉文版），2013，34（1）：93－97.

［145］汪宇明，刘高，施加仓，蔡萌．中国城乡一体化水平的省区分异［J］．中国人口·资源与环境，2012，22（4）：137－142.

［146］王坤鹏．城市人居环境宜居度评价——来自我国四大直辖

市的对比与分析［J］．经济地理，2010，30（12）：1992－1997.

［147］乌敦，李百岁．内蒙古自治区城镇化水平地域差异分析［J］．经济地理，2009，29（2）：249－254.

［148］王富喜，毛爱华，李赫龙，贾明璐．基于熵值法的山东省城镇化质量测度及空间差异分析［J］．地理科学，2013，33（11）：1323－1329.

［149］王善迈，袁连生，田志磊，张雪．我国各省份教育发展水平比较分析［J］．教育研究，2013，34（6）：29－41.

［150］武振国，李雪敏．基于熵值法的内蒙古自治区城镇化水平评价研究［J］．财经理论研究，2016（5）：59－67.

［151］王晓丽．中国人口城镇化质量研究［D］．南开大学，2013.

［152］王雪霁．城镇化影响城乡收入差距的机制研究［J］．财经理论研究，2013（5）：32－41.

［153］翁京华，韩玉启．城镇化与高等教育的相关性分析［J］．城市发展研究，2012，19（5）：127－129＋134.

［154］谢文蕙，邓卫．城市经济学［M］．北京：清华大学出版社，1997.

［155］许宏，周应恒．云南城镇化质量动态评价［J］．云南社会科学，2009（5）：115－118.

［156］许学强，周一星，宁越敏．城市地理学［M］．第二版．北京：高等教育出版社，1997.

［157］薛德升，曾献君．中国人口城镇化质量评价及省际差异分析［J］．地理学报，2016，71（2）：194－204.

［158］薛添．城镇化发展中的教育投入问题与财税政策建议［J］．辽宁经济管理干部学院（辽宁经济职业技术学院学报），2013

(5)：11－12＋21.

［159］许抄军，罗能生，王家清，何琼锋．教育对城镇化的促进作用［J］．经济地理，2007（4）：607－609＋613.

［160］袁晓玲，王霄．对城镇化质量的综合评价分析——以陕西省为例［J］．城市发展研究，2008（2）：38－45.

［161］叶裕民．中国城镇化之路——经济支持与制度创新［M］．北京：商务印书馆，2001.

［162］叶裕民．中国城镇化质量研究［J］．中国软科学，2001（7）：27－31.

［163］亚约瑟夫·阿罗斯·熊彼特．经济发展理论［M］．北京：商务印书馆，1990.

［164］亚当·斯密：国民财富的性质和原因的研究［M］．北京：商务印书馆，1979.

［165］于涛，张京祥，罗小龙．我国东部发达地区县级市城镇化质量研究——以江苏省常熟市为例［J］．城市发展研究，2010（11）：7－12.

［166］余晖．我国城镇化质量问题的反思［J］．开放导报，2010（11）：96－100.

［167］约翰·肯尼思·加尔布雷思．富裕社会［M］．南京：江苏人民出版社，2009.

［168］杨学义，王新安．中国国有企业管理层变迁研究［M］．北京：中国社会科学出版社，2012.

［169］周一星．城市地理学［M］．北京：商务印书馆，1995.

［170］朱铁臻．城市发展研究［M］．北京：中国统计出版社，1996.

［171］朱铁臻．城市现代化研究［M］．北京：红旗出版社，

2002.

[172] 朱烨，卫玲．产业结构与新型城镇化互动关系文献综述[J]．西安财经学院学报，2009，22（5）：113－117.

[173] 张启成．城镇化与城市质量[J]．城市发展研究，2001（3）．

[174] 张文忠．中国宜居城市建设的理论研究及实践思考[J]．国际城市规划，2016.

[175] 周长城．中国生活质量：现状与评价[M]．北京：社会科学文献出版社，2003.

[176] 赵勇．城乡良睦互动战略[M]．北京：商务印书馆，2004.

[177] 张文忠．"国际一流的和谐宜居之都"的内涵及评价指标[J]．城市发展研究，2017.

[178] 张殿波．国外宜居城市建设对我国的启示[J]．经济纵横，2014.

[179] 赵海燕，王吉恒，王喆．黑龙江省城镇化质量问题研究[J]．商业研究，2007（2）：86－88.

[180] 张东阳，彭志远．城镇化、对外开放与城乡收入差距关系研究[J]．财经理论研究，2013（4）：24－32.

[181] 中国市长协会，《中国城市发展报告》编辑委员会．中国城市发展报告（2001～2002）[M]．北京：西苑出版社，2003，97－120.

[182] 周丽萍．中国人口城镇化质量研究[D]．浙江大学，2011.

[183] 中国发展研究基金会，中国发展报告2010——促进人的发展的中国新型城镇化战略[M]．北京：人民出版社，2010.

［184］郑春东，马珂，苏敬瑞．基于居民满意度的生态宜居城市评价［J］．统计与决策，2014（5）：64－66.

［185］朱金鹤，崔登峰．新疆城乡一体化进程的影响因素与评价研究［J］．干旱区资源与环境，2012，26（12）：22－27.

［186］张志莉．内蒙古自治区城镇化与经济增长互动关系分析［J］．前沿，2012（21）：97－99.

［187］赵群毅．城乡关系的战略转型与新时期城乡一体化规划探讨［J］．城市规划学刊，2009（6）：47－52.

［188］张吉献．河南宜居城市评价与对策［J］．商业经济，2009（12）：93－95.

［189］朱洪祥．山东省城镇化发展质量测度研究［J］．城市发展研究，2007（5）：37－44.

［190］赵彦俊，赵华晔．内蒙古自治区学前教育经费投入规模与来源结构分析——基于2010～2015年的面板数据［J］．民族教育研究，2018，29（2）：108－117.

［191］张臻汉．高等教育与城镇化的关系研究［J］．兰州大学学报（社会科学版），2013，41（6）：154－159.

［192］赵宏艳，穆帅．甘肃省城镇人均生活水平分析［J］．甘肃联合大学学报（自然科学版），2012，26（5）：37－40.

［193］周文兴，张迁平，刘俊希．我国科教投入政策评估及其启示［J］．教育与经济，2007（4）：28－31.

后 记

书稿终告段落，掩卷思量，饮水思源。在写书过程中，深刻感觉“学无止境”与“力有不逮”的压力。当这篇书稿经过修改即将出版之际，担忧之心油然而生，因为书稿一旦出版，就要等待读者的严格审阅。

谨此机会，向帮助和鼓励我的所有人表达我的感激之情，并致以最诚挚的谢意！

首先我要特别感谢内蒙古自治区财经大学倪学志教授、赵秀丽教授、史俊宏教授对书稿框架以及指标权重安排提出的宝贵意见；感谢白媛媛博士、李殷实博士、王浩铭博士对书中所用方法给出的建议，使我受益匪浅，对于他们的帮助，在此表示衷心的谢意！

感谢内蒙古自治区财经大学和经济学院的领导、同事、朋友对我工作与学习的支持与理解。

同时也要感谢内蒙古自治区财经大学研究生孙丽伟、刘海媛、周文慧、杨桃对书中所用方法的理解与运用；感谢内蒙古自治区财经大学经济学院2015级本科生胥海敏、王雪、贺诗雨、池霞对数据的处理；赵烨、杨家欢对案例的整理；感谢赵旭东、巨斌、郝妍、赵倩、李慧超、郝佳钰、崔子涵、吴子岳、赵金薇、朱颖超、曹艺馨、窦碧春、李静、尹晖、刘天琪、赵超越等学生帮助发放问卷。

此外，还有其他许多老师、朋友对我的学习、生活给予了无私的帮助，在此一并表示感谢。

最后，还要特别感谢我的家人，为了我能顺利完成书稿，他们付出得太多，难以言表，无以为报，怀揣感恩，捧上不成熟的成果，再次对他们致以诚挚的谢意！

这篇书稿是在同时代学者大量相关研究成果的基础上完成的，所有引证之处尽力注明出处，在此一并向这些学者致以敬意。